天皇家と古代史十大事件

関 裕二

PHP文庫

○本表紙図柄＝ロゼッタ・ストーン（大英博物館蔵）
○本表紙デザイン＋紋章＝上田晃郷

はじめに

前著『ヤマト王権と古代史十大事件』の続刊である本書は、大津皇子《おおつのみこ》の悲劇から始まる。大津皇子は、天武《てんむ》天皇崩御《ほうぎょ》（天皇や皇后、皇太后らの死）の直後、謀反の疑いをかけられ亡くなった。そしてしばらくして、皇位を射止めたのが、天武の皇后の鸕野讃良皇女《うののさららのひめみこ》だ。持統《じとう》天皇の出現である。

一般的な通史なら、ここで区切るようなことはしない。「天武持統朝」は、セットで考えられているからだ。天武天皇（大海人皇子《おおあまのみこ》）と持統天皇（鸕野讃良皇女）は仲睦《なかむつ》まじい夫婦だと『日本書紀《にほんしょき》』はいい、この記事は、そのまま通説となっている。たしかに鸕野讃良は大津皇子を殺したが、皇位を継承して夫の遺志を受け継いだと、誰もが信じている。天武と持統の両天皇は、律令《りつりょう》制度の完成を目指して、邁進《まいしん》したというのが、これまでの常識だった。

しかし、大津皇子の死は、じつに象徴的な事件であった。ここに、ヤマトの古き良き時代は、幕を閉じたからである。

天才歌人志貴皇子《しきのみこ》や平城京の貴族らが、しきりに「明日香《あすか》」を懐かしんでいたのは、「明日香」でくり広げられた、「夢のある輝きの時代」が、大津皇子の死とともに葬り去られたからだろう。

ところで、古代史を「豪族（貴族）の盛衰」という視点で見つめ直すと、興味深い事実が浮かび上がってくるのだが、それは、ヤマト建国以来政権の中枢に立ち続けてきた畿内豪族たちが、天武天皇と大津皇子の死ののち、没落していったことと深く関わっている。代わって台頭していくのは藤原《ふじわら》（中臣《なかとみ》）氏である。

蘇我《そが》氏、物部《もののべ》氏、大伴《おおとも》氏、尾張《おわり》氏、阿倍《あべ》氏、紀《き》氏、三輪《みわ》氏などなど、『日本書紀』の中で華々しく活躍していた豪族たちは、葬り去られていくのである。

藤原氏の魔の手にかかって、このあと順番に、歴史の表舞台から消えていく。藤原氏は他者との共存を拒否し、「自家だけが栄えればそれでよい」と考え、権力の独占を目指し、独裁体制を実現してしまう。平安時代には、藤原道長《みちなが》が、自家の繁栄を「欠けることのない満月だ」と、豪語している。

平安時代といえば、国風文化が隆盛し、雅《みやび》なイメージが強烈に焼き付いているが、現実は、「藤原だけが富み栄える世の中」だったのである。

なぜ、藤原氏は朝堂を独占することができたのだろう。そしてなぜ、大津皇子亡き後、藤原氏は急速に力をつけてしまったのか……。ここに、大きな秘密が隠されていたのである。

これまで七世紀後半から奈良時代、平安時代にかけての歴史に、大きな謎はないと考えられてきた。それは、『続日本紀《しょくにほんぎ》』や他の正史が同時代史を克明に、しかも淡々と描いているためだ。

しかし、ここに大きな落とし穴が隠されていたのだ。『続日本紀』は、大切な場面で沈黙を守っている。この「無言の時間」の中に、多くの暗黒が秘められていたのである。

ならば、覆い隠されてしまった歴史を再現することは可能なのだろうか……。まずは、大津皇子謀殺の真相から、探っていこう。

天皇家と古代史十大事件　目次

はじめに　3

第一章　大津皇子謀反事件

『日本書紀』に記された大津皇子の謀反事件　16
皇親政治の意味　20
吉野の盟約と不可解な人事　23
追い詰められていたのは草壁皇子　27
大津皇子の不審な行動　29
ピンチに立たされたのは鸕野讃良の方だった　32
石川郎女という隠語　36
恋多き女性・石川郎女の謎　40
蘇我氏とつながっていた大津皇子　42

第二章　珂瑠皇子立太子

鸕野讃良と珂瑠皇子はなぜ即位できたのか　48
草壁皇子が岡宮にいた意味　51
天香具山の歌が語る静かな政変劇　57
高市皇子は皇太子だった　62
珂瑠皇子立太子の裏側　68

第三章　石川刀子娘貶黜事件

石川刀子娘貶黜事件は時代の節目　72
天武天皇亡き後に始まった敗者の復権工作　74
藤原不比等は女性をうまく使った　77
鸕野讃良の行動原理は「妬み」　82
藤原不比等が女性の力を借りた深意　84
県犬養三千代は悪女　87
石川刀子娘貶黜事件の真相　90

第四章 長屋王の変

謀反発覚 96
基皇子の死がきっかけだった 98
平城京遷都の歴史 101
藤原氏繁栄のための千年に一度のチャンス 104
内臣という禁じ手 108
皇親政治を利用したのは藤原氏だった 112

第五章 大仏殿造立事件

聖武天皇の存在そのものが事件だった 118
東大寺大仏殿は天皇権力の驕りの象徴 120
なぜ聖武天皇は仏教に傾倒していったのか 122
聖武天皇は巨大な智識寺建立を目指した 125

なぜ聖武天皇は律令体制を破壊しようと考えたのか 128
祟りを恐れた光明子 132
恐れられていた長屋王の祟り 134
聖武天皇は聖徳太子の生まれ変わり 137

第六章 橘奈良麻呂の変

奈良麻呂の変に至る経緯 142
謀反人を許した光明子 144
藤原仲麻呂(恵美押勝)の恐怖政治が始まった 146
藤原仲麻呂に利用された孝謙天皇 149
孝謙天皇の本心 152
潰滅した反藤原派 154
『万葉集』に秘められた最後のめでたい正月の歌 158
藤原房前に命乞いをした大伴旅人 161

第七章　宇佐八幡宮神託事件

橘奈良麻呂の変後の混乱　166
なぜ阿倍内親王（孝謙天皇）が即位できたのか　169
皇帝になった恵美押勝　172
宇佐八幡宮神託事件勃発　176
醜聞にまみれた女帝　180
事件をめぐる謎の数々　182
奈良時代の歴史の要に立っていたのは県犬養三千代　185
称徳天皇はヤマトの王家を振り出しにもどそうとした　188

第八章　藤原種継暗殺事件と平安京遷都

なぜ桓武天皇は平城京を棄てたのか　192
東側からの攻撃に強い山背（山城）　194

井上内親王と他戸親王の悲劇 197
陰謀にはめられた氷上川継 202
藤原種継暗殺事件勃発 204
「その他の藤原氏」が黒幕となって式家の藤原種継を殺した？ 208
なぜ長岡京は造営途中で棄てられたのか 211

第九章 藤原氏の他者排斥事件（承和の変と応天門の変）

名門豪族たちは野に下った 216
薬子の変勃発 219
承和の変で外戚の地位を獲得した藤原北家 222
応天門の変で息の根を止められた名門豪族 224
藤原不比等をコケにした『竹取物語』は紀貫之が記した？ 227
菅原道真出世の遠因は阿衡事件 230
陰謀にはめられた菅原道真 233

都人を震え上がらせた菅原道真の崇り 235

第十章 院政の始まり・源平合戦

源氏と平氏が生まれた理由 240
無法地帯と化した関東 242
蝦夷征討とは何だったのか 245
藤原氏のために働いた源氏と平氏 247
源氏と平氏を中央が求めた理由 250
摂関体制と院政の意味 253
はっきりと分かった貴族の無能ぶり 255
平治の乱と平氏の世の中 258

おわりに 264

制作協力――三猿舎
本文写真――関 裕二、三猿舎

第一章
大津皇子謀反事件

『日本書紀』に記された大津皇子の謀反事件

『日本書紀《にほんしょき》』を信じるならば、大津皇子《おおつのみこ》は謀反人だ。だから殺されても、同情の余地はない。ところが、なぜか、大津皇子はもてるのだ。悲劇的な最期に、みな涙する。「マンガになったから」ではない。その逆で、大津皇子が魅力的に見えるから、マンガになったのだ。

ならばなぜ、大津皇子は多くのファンを引きつけて止まないのだろう。

天武《てんむ》天皇紀、持統《じとう》天皇即位前紀（『日本書紀』）には、大津皇子謀反の様子が、次のように語られている。順番に、訳していく。

朱鳥《あかみとり》元年（六八六）九月九日、天武天皇の病は治らず、崩御。十一日に、初めて哀《みね》の礼《れい》を奉《たてまつ》った（「発哭《みね》たてまつる」死を悼《いた》み、哭声《こくせい》［泣き声］を発する儀礼）。すなわち、殯宮《もがりのみや》を南庭《おおば》に建てた。二十四日、南庭で殯《もがり》をし、すなわち哀の礼を奉った。この時にあたり、大津皇子が、皇太子に対し謀反を起こした。

これが、天武天皇紀に書かれた、大津皇子の謀反事件だ。ここに登場する「皇太子」は、天武天皇と鸕野讃良《うののさらら》（のちの持統天皇）の間に生まれた草壁皇子《くさかべのみこ》で、大津皇子とは腹違いの兄弟だ。大津皇子の母・大田皇女《おおたのひめみこ》は鸕野讃良皇女の同母の姉だが、早逝して、すでにこの世にいなかった。天武天皇の正妃は鸕野讃良だったから、草壁皇子が立太子していたということなのだろう。

このあと、大津皇子の謀反事件がどうなったのか、まったく触れないまま、同月二十七日の記事に飛び、まるで何事もなかったかのように、天武天皇の殯宮の行事が、続いていく。

ところが、持統天皇紀（即位前紀）に、くり返しになるが、もう少し詳しい事件の経緯が記されている。

冬十月二日、皇子大津の謀反が発覚した。皇子大津を捕らえ、皇子大津に欺《あざむ》かれた（事件に連座した）者も、捕らえられた。八口朝臣音橿《やくちのあそみおとかし》、壱伎連博徳《いきのむらじはかとこ》、中臣朝臣臣麻呂《なかとみのあそみおみまろ》、巨勢朝臣多益須《こせのあそみたやす》、新羅沙門行心《しらぎのほうしこうじん》、礪杵道作《ときのみちつくり》（帳内《とねり》）ら三十余名であった。

ちなみに、理由は定かではないが、『日本書紀』は事件のいきさつを記す間、「大津皇子」「山辺皇女《やまのべのひめみこ》」ではなく、「皇子大津」「皇女山辺」と記す。『後漢書《ごかんじょ》』の書式を真似したのでは、とする説もあるが定かではない……。それはともかく。

翌三日、皇子大津は訳語田《おさだ》（奈良県桜井市戒重《かいじゅう》）の家で死を賜《たまわ》った。時に二十四歳だった。妃の皇女山辺は、髪を振り乱し素足で駆けつけ、殉死《じゅんし》した。見る者はみな、嘆き悲しんだ。皇子大津は天渟中原瀛真人天皇《あまのぬなはらおきのまひとのすめらみこと》（天武）の第三子だ。立ち居振る舞いは際立って高く、音辞《おんじ》（言辞。言葉遣い）は明晰で優れていた。天命開別天皇《あめのみことひらかすわけのすめらみこと》（天智《てんじ》）に愛され、成長するにおよび、分別があり、学才に秀で、特別文筆を好まれた。詩賦《しふ》の興隆は、大津から始まった。

ちなみに、八世紀半ばに完成した漢詩集『懐風藻《かいふうそう》』には、次のようにある。大津皇子は浄御原帝《きよみはらのみかど》（天武天皇）の長子（『日本書紀』には第三子とある）で、体が大きく、度量が高く奥深かった。幼い頃から学問を好み博覧で、よく文章《もんじょう》を綴った。成人すると武を好み、よく剣を撃った。性格は放蕩で法や規則に頓着せず、へりくだり、人々を厚遇したという。いずれにせよ、文武両道に秀で、人々に支持されていたことは、間違いなさそうだ。

さて、『日本書紀』の記事にもどろう。

二十九日、詔《みことのり》を発した。

「皇子大津が、謀反をはかった。欺かれた役人や帳内（舎人《とねり》）は仕方がない。いますでに、皇子大津は滅びた。連座した皇子大津の従者は、みな許せ。ただ、礪杵道作だけは、伊豆に流せ」

また、詔して、

「新羅沙門行心は、皇子大津に与《くみ》したが、罰するに忍びない。飛騨国《ひだのくに》（岐阜県）の寺に送れ」

と、仰せられた。

十一月十六日、伊勢神《いせのかみ》の祭祀に奉仕していた皇女大伯《おおく》（大津皇子の同母姉・大来《おおく》とも）が帰り、京師《けいし》に至った。

これが、大津皇子の謀反をめぐる、『日本書紀』の記事である。

皇親政治の意味

大津皇子は、なぜ謀反を企てたのだろう。

そこでまず、壬申《じんしん》の乱（六七二）の直前から、天武天皇（大海人皇子《おおあまのみこ》）の活躍と治政をふり返ってみよう。

天智天皇十年一月、天智天皇は息子の大友皇子《おおとものみこ》を太政大臣《だいじょうだいじん》に任命する。本来大海人皇子に与えられていた権力も、この段階で大友皇子に奪われた可能性があるし、天智天皇のあからさまな嫌がらせであったろう。『ヤマト王権と古代史十大事件』（PHP文庫）で述べたように、天智と大海人皇子は犬猿の仲であった。それにもかかわらず天智が大海人皇子を皇太子に指名したのは、大海人皇子を後押ししていた蘇我《そが》氏の力を借りたかったからだ。しかし、死を目前にして、天智は大海人皇子が邪魔になったのだ。

皇位継承問題も、複雑なものになった。大海人皇子はむしろ身の危険を感じたにちがいない。同年十月、天智天皇の病の床に呼び出された大海人皇子は、その場で出家して、吉野《よしの》に隠遁《いんとん》した。十二月、天智天皇は崩御。

天智天皇崩御ののち、近江《おうみ》の大津宮《おおつのみや》（大津市）の大友皇子と吉野の大海人皇子は、一触即発の緊張状態にあったが、「大友皇子が私の命を狙っている」と大海人皇子が宣言し、東国に逃れ、一気に近江の大友皇子を討ち滅ぼしたのだった。

大海人皇子は都を飛鳥《あすか》に戻し天武二年（六七三）二月、即位した。これが天武天皇で、鸕野讃良を皇后に立て、それまでの畿内豪族層（のちの貴族）による合議制は、ここで終焉する。天皇や皇族だけで朝堂を支配する、前代未聞の極端な体制を敷いたのだ。これが皇親政治で、なぜこのような体制がまかり通ったのかといえば、律令制度を導入するための、暫定的な処置であろう。

律令体制に移行するには、豪族たちから土地と民を奪い取る必要があった。戸籍を作り、平等に土地を分配し、そこから上がってくる税によって、国家の基盤を造るというのが、律令体制の大きな目的であり、これを実現するためには、大鉈《おおなた》を振るう必要がある。そして、誰もが信頼できる偉大な調停者を必要とした。

それまでの豪族たちの合議だけでは、このような改革事業は進展しないのだ。だから、いったん皇族だけで朝堂を牛耳り、制度を完成させるつもりだったのだろう。天武天皇は八色《やくさ》の姓《かばね》の制定、位階の整備など、矢継ぎ早に新しい制度を実施していく。

そして、天武天皇の改革事業は継承され大宝律令《たいほうりつりょう》（七〇一）の完成によって、ようやく律令体制はスタートするのだが、律令（法律）には、天皇の権力を大幅に制限する内容が含まれている。簡単にいってしまえば、太政官《だいじょうかん》（現代風にいうと内閣のような行政府）から上がってきた案件を追認するのが、天皇の仕事となった。すなわち、律令体制下の天皇には、原則として強い権力は与えられていなかった。だから、皇親政治は、律令制度完成の後、解消される約束が、豪族たちとの間に取り交わされていたのだろう。

大津皇子謀反事件やこの時代の歴史を理解するためには、「一時的に天皇が独裁者になっていた」という事実を忘れるわけにはいかない。特殊な時代背景が横たわっていたのである。

ちなみに、天武天皇崩御ののちしばらく、皇親政治は継承されていくが、平城京遷都《せんと》（七一〇）の段階では、左大臣が石上《いそのかみの》（物部《もののべ》）麻呂《まろ》、右大臣が藤原不比等《ふじわらのふひと》だった。旧豪族が朝堂のトップに立っていたのである。

吉野の盟約と不可解な人事

さて、天武八年（六七九）五月五日、吉野宮《よしののみや》に行幸《ぎょうこう》した天武は、翌日皇后以下主だった者を集め、誓いを立てた。いわゆる「吉野の盟約」である。

『日本書紀』に登場する顔ぶれは順番に、草壁皇子、大津皇子、高市皇子《たけちのみこ》、河島《かわしまの》（川島《かわしま》）皇子《みこ》、忍壁皇子《おさかべのみこ》、芝基皇子《しきのみこ》で、この中に天智天皇の子が混じっている。そのひとりが、大津皇子の親友だった河島皇子である。

天武天皇は次のように詔している。

「朕《われ》は今日、お前たちとともにこの宮の庭で盟約を結び、千歳《ちとせ》（千年）ののちまで安寧であることを望む。いかがか」

皇子たちは「理実《ことわり》、灼然《いやちこ》なり（道理は明らかでございます）」と応えた。

すると草壁皇子が進み出て、天神地祇《てんじんちぎ》に誓いを立てた。

「われらは腹違いの兄弟ですが、ともに勅に従います。盟約に背けば、命を失い、子孫は絶えましょう」

するとと他の皇子たちも、それぞれ同じように盟約した。天武天皇は衣の襟を開いて、皇子六人を抱き寄せ、さらに盟約した。

「もしこの盟約に違わば、身を滅ぼすだろう」

そして最後に、皇后（鸕野讃良）は、天皇と同じ盟約をした。

天武九年（六八〇）十一月十二日、皇后体不予《みやまい》（発病）のため、天武は病気平癒を誓願して薬師寺《やくしじ》を建て始めた。同月二十六日、今度は天武が病に伏せったので、百人の僧を得度《とくど》させると、病気は平癒した。

天武十年（六八一）二月二十五日、天皇と皇后は大極殿《だいごくでん》にお出ましになり、親王、諸王、諸臣を集め、詔した。

「朕は今また、律令を定め、法式を改めようと思う。だからともに、事を進めよう。ただし、にわかに取りかかれば日常の業務に差し障りが出よう。だから、分担して行うように」

そしてこの日に、草壁皇子を皇太子に立てた。そして、「万機を摂《ふさねをさ》めしめたまふ（国の政事を執り行わせた）」という。

三月十七日、天皇は大極殿で、川嶋（川島）皇子、忍壁皇子らに詔して『帝紀《ていき》』と上古の諸事を記録し定められた（歴史書編纂がここから始められたということ）。

天武十三年（六八四）冬十月一日、詔して、諸々の氏の族姓《かばね》を改め、八色の姓（真人《まひと》、朝臣《あそみ》、宿禰《すくね》、忌寸《いみき》、道師《みちのし》、臣《おみ》、連《むらじ》、稲置《いなき》）を定め、天下の姓を整えた。

こうして『日本書紀』の記述を追ってくると、天武天皇の時代、律令制度が粛々と整いつつあったこと、草壁皇子が天武天皇を補佐し、強い権限を握っていたであろうことが分かってくる。ただし、天武十二年（六八三）二月一日の記事に、奇妙なことが記されている。

大津皇子、始めて朝　政《みかどのまつりごと》を聴《きこ》しめす

大津皇子が朝政を執るようになったという。なぜ、草壁皇子だけでは、ダメだったのだろう。

『日本書紀』も認めるように、大津皇子の才能は、高く評価されていたはずだ。か

熱田神宮（名古屋市熱田区）

たや草壁皇子はどうかというと、天武崩御ののちしばらく即位することなく、三年後の持統三年（六八九）四月十三日に亡くなっている。このことから、草壁皇子は病弱だったのではないかと考えられている。

それにしても皇太子に一度政務を委ねておきながら、文武両道に秀でていたであろう大津皇子を抜擢《ばってき》したのはなぜだろう。ここに大きな問題が隠されていよう。草壁皇子の母・鸕野讃良はしゃくに障ったにちがいない。わが子の行く末を案じただろう。

朱鳥《あかみとり》元年（六八六）五月二十四日、天武天皇は発病された。卜《うらな》ってみると、草薙剣《くさなぎのつるぎ》の祟《たた》りと分かった。そこで草薙剣を、熱田社《あつたのやしろ》（名古屋市の熱田神宮）に送った。七月十五日には勅があった。「天下の事は大小を問わず、ことごとく皇后と皇太子に啓上するように」政務を鸕野讃良皇后と草壁皇子に委ねたのである。

そして九月九日に天武天皇崩御。二十四日に大津皇子謀反へと続いていく。

追い詰められていたのは草壁皇子

大津皇子謀反事件には、いくつもの疑念がある。

第一に、皇太子は本当に草壁皇子だったのだろうか……。

もちろん、正史『日本書紀』の記事を覆すことは、たやすくない。しかし、『日本書紀』の示す歴史も、不自然だ。なぜ天武天皇崩御ののち、草壁皇子は即位できなかったのだろう。それは、大津皇子を謀殺したため、反発があったのではないかとするのがもっとも一般的な考えだが、「お飾りの天皇」ならまだしも、律令整備のために独裁権力を握った天武天皇が、難局を切り抜けるために、「できるだけ優秀な皇子を後継者に」と、思いいたらなかったのは、信じがたい。しかも草壁皇子を皇太子に指名した上で、大津皇子にも執政を委ねるなどということが、起こりうるだろうか。

『懐風藻』は、大津皇子を「太子」と呼んでいる。これは「皇太子」の意味で、『日本書紀』の証言とは食い違う。『日本書紀』と後の時代に編まれた文書の間に矛盾がある場合、朝廷の正式見解（正史）『日本書紀』の記事を採るというのが、史学界の常識であろう。しかし、『日本書紀』編纂時の最高権力者が藤原不比等で、大津皇子謀殺の影の首謀者と疑われているのだから、『日本書紀』の証言を鵜呑みにすることはできない。

天武天皇が皇太子に指名したのは大津皇子で、だからこそ難癖をつけられて抹殺されたというのが、本当のところではあるまいか。いくら大津皇子の人気が高かったとはいえ草壁皇子が本当に皇太子だったのなら、そのまま即位を待てばよかった。大津皇子を殺せば群臣が背き歯向かっていたはずであり、リスクを冒してまで大津皇子を謀殺したのであれば、むしろ追い詰められていたのは草壁皇子と鸕野讃良の方ではなかったか。

だいたい、なぜ大津皇子が捕らえられたのか、どのようにして草壁皇子を殺そうとしたのか、具体的な証拠がひとつも掲げられていない。朝廷の屋台骨を揺るがすほどの大きな事件であるにもかかわらず、連座したほとんどの人間がすぐさま解き放たれ、流罪はたったのひとりというのも、不自然だ。事件が陰謀であったことを証明しているのではあるまいか。

もし草壁皇子が本当に皇太子だったのならば、草壁皇子が即位したあとに大津皇子を殺すべきではなかったか。

大津皇子の不審な行動

不思議なことはまだある。それは、大津皇子の不審な行動だ。殯を抜け出し、伊勢に向かっていたからである。それが分かるのは、『万葉集《まんようしゅう》』巻二－一〇五と一〇六の歌があるからだ。題詞には、次のようにある。「大津皇子、竊《ひそ》かに伊勢の神宮に下りて上り来ましし時の大伯皇女《おおくのひめみこ》の御作歌二首」

わが背子を大和へ遣《や》るとさ夜深《よふ》けて暁露《あかときつゆ》にわが立ち濡《ぬ》れし

（大意）弟の大津皇子をヤマトに帰すために見送ってたたずんでいると、夜は深け、露に濡れてしまったことだ……。

二人行けど行き過ぎ難き秋山をいかにか君が独り越ゆらむ

（大意）二人で行っても苦労する秋山を、どうやってあの人は越えているのだろう……。

すでに述べたように、大伯（大来）皇女は大津皇子の姉で、伊勢斎王《さいおう》として、斎宮《さいくう》に赴任していた。その伊勢の神宮を、大津皇子は訪問していたのだ。

天武天皇の子が「東国に向かった」のは、不気味な事態だ。誰もが壬申《じんしん》の乱（六七二）の大海人皇子の行動を思い出し、危険視したにちがいない。しかも大津皇子の死後政界で活躍したのは、壬申の乱の敗者だったから無視できない。

大津皇子謀反事件ののち、玉座を射止めるのは持統天皇（鸕野讃良）で、持統は藤原不比等を大抜擢する。藤原不比等は壬申の乱ののち冷や飯を喰らっていた。それもそのはず、『懐風藻』によれば、藤原不比等の父親の中臣鎌足《なかとみのかまたり》は、大友皇子の即位を願い、大海人皇子を「皇位を横取りする悪人」とみなしていたという。天智天皇（中大兄皇子《なかのおおえのみこ》）と中臣鎌足のコンビと大海人皇子は敵対していたのだ。そして追い詰められた大海人皇子は、東国に逃れて、大逆転の勝利を収めた。

ここに、大津皇子がどれだけ危険な行動をとっていたかがはっきりとする。天武天皇崩御の直後、なぜか大津皇子は殯宮を抜け出した。そして、東国の入口の伊勢に向かったのだ。それは、父親が命を狙われ吉野に隠遁し、絶体絶命のピンチをはね返した図式と似ている。大津皇子は、何かしらの危険を察知し、東国に逃れ、軍勢を引き連れ、ヤマトに戻る算段だったのではあるまいか。

そして大津皇子の東国入りには、もうひとつ別の問題が隠されている。

鸕野讃良にすれば、「大津皇子の東国入り」は、「大津皇子に謀反の罪をかぶせる絶好の証拠」になるはずだった。ところが、『日本書紀』は、この大津の不可解な行動に関して、沈黙を守っている。ここが、じつに怪しく不自然だ。大津皇子の東国入りには、大きな秘密が隠されている。

藤原不比等が実権を手に入れて以降平安時代に至るまで、都周辺で不穏な空気が流れると、必ず三関固守《さんげんこしゅ》が行われた。三関とは伊勢国鈴鹿《すずか》（三重県亀山市）・美濃《みの》国不破《ふわ》（岐阜県不破郡関ヶ原町）・愛発《あらち》（福井県敦賀市南部の旧愛発村と滋賀県高島市マキノ町との境にある有乳山《あらちやま》付近）の関のことで、謀反人が東国に逃れることを防ぐ処置だった。藤原政権はよほど東国が恐ろしかったのだろう。そのトラウマは、大海人皇子の東国入りと大津皇子の伊勢訪問の二つの「悪夢」が原因ではなかったか。

謀反が事実なら、大津皇子の伊勢行きは、もっとも大きな証拠になるはずなのに、なぜ『日本書紀』はこの事実を記録しなかったのだろう。ここに『日本書紀』編者の何かしらの「もくろみ」を感じずにはいられないのである。

そして分からないのは、なぜ大津皇子が伊勢に向かったのかということなのだ。『日本書紀』が黙秘権を行使したために、この時の大津皇子の本当の目的は闇に葬られてしまった。しかし、藤原不比等は『日本書紀』の編纂過程で、「大津皇子の行動を歴史に残してはならない」と判断し、『万葉集』編者は、大伯皇女の歌を載せることによって、「ヒント」を後世に残した形になったのである。

ピンチに立たされたのは鸕野讃良の方だった

先述の『懐風藻』は、大津皇子の謀反事件にコメントを寄せている。まず、大津皇子は謀反の計画を親友の河島皇子に持ちかけたが、河島皇子は朝廷に密告してしまった。『懐風藻』は、河島皇子を忠臣と褒める一方で、諭すこともせずに大津皇子を筆舌に尽くしがたい苦しみに陥れたことを、ほかの人たちと同様、疑わしく思うと述べるのである。

さらに、大津皇子は並外れた才能を活かすこともできず、忠孝を尽くすことなく奸物《かんぶつ》に近づきついに死罪を賜ってしまった。悔やんでも悔やみきれないという。『懐風藻』は大津皇子を「太子」と呼び、大津皇子にしきりに同情する。それ以上に問題なのは、「多くの人たちと同じように、私も事件に疑いを抱いている」といい、「悔やんでも悔やみきれない」といっている。朝廷のNo.2の皇子が皇太子を狙った謀反という単純なくくりができない何かが、行間ににじみ出ているのである。天智朝で「暗躍」し、天武朝で干され、大津皇子刑死ののち出世する壱伎博徳《いきのはかとこ》が大津皇子の謀反事件に連座しているのも、じつに怪しい。この事件、どう考えても、陰謀の匂いがぷんぷんする。

大津皇子謀反事件によって、鸕野讃良はむしろピンチに立たされたのではなかったか。草壁皇子が即位できずに亡くなったのは、諸王や群臣が、反発したのだろう。『万葉集』巻二―一六五の大伯皇女の歌からも、事件の直後のヤマトの情勢が伝わってくる。大伯皇女がヤマトに戻ってきて、鸕野讃良に対し、無言の抗議を示していたのだ。題詞には、「大津皇子の屍《かばね》を葛城《かづらき》の二上山《ふたかみやま》に移し葬《はぶ》る時、大来皇女の哀しび傷《いた》む御作歌《みうた》二首」とある。

うつそみの人にあるわれや明日よりは二上山を弟世《いろせ》とわが見む

(大意)現世の人である私は、あしたから二上山を弟と思って眺めよう……。

大津皇子は刑死したのち、仮に埋葬され、大伯皇女が見守る中、二上山に移し葬られたのだ。比定地は、二上山山頂の雄岳《おだけ》もしくは山麓にある七世紀後半の方墳《ほうふん》・鳥谷口古墳《とりたにぐちこふん》(奈良県葛城市)とされている。近年では、鳥谷口古墳が本物の大津皇子の墓と考えられている。二上山山頂の墓を大津皇子の墳墓に比定されたのが、近世に入ってからだったこと、罪人の墓がヤマトの聖地であることは不自然だからだろう。

鳥谷口古墳（葛城市）

しかし、そうともいいきれない。二上山山頂の墳墓が粗末なところに、かえってリアリティを感じてしまう。

『万葉集』には大津皇子を「移し葬る」とあって、ここに大きな矛盾が見て取れる。一般に刑死した人間は「埋」められる（収《をさ》め埋《うづ》むる）のであり、「葬」とは書かない。また、殯を終えて墓に葬る場合、「葬」といい、「移葬」とはいわない。罪人は「埋められる（捨てられる）」のであって「葬る」のではない。だから、罪人として捨てられた大津皇子を掘り返して、誰かがわざわざ「移葬」したということになる。罪人に対し天皇が寛大な処置をとり、「特別に葬ることを許す」という例はあるが、この場合、鸕野讚良に対するレジスタンスであろう。歌から察するに、指示したのは大伯皇女ではなかったか。大伯皇女は抗議の意味を込めて移葬したのだろうし、「ヤマトを代表する巫女《みこ》の権威」が、大きな力を発揮したと思われる。ヤマトの盆地でもっとも目立つ二上山を選んだのは、目立たせ、鸕野讚良の凶行を、多くの人たちに知らしめるためだろう。

そして、大急ぎで山頂に墓を造ったために、あるかないか分からない程度の規模になった可能性は高い。

大伯皇女がその後どのような運命を辿《たど》ったのか、まったく資料がない。しかし、「移葬」を止められなかった時点で、鸕野讚良の蹉跌《さてつ》は明らかになったのだろう。草壁皇子が即位できなかったのは、誰も鸕野讚良を擁護しなかったからにちがいない。

石川郎女という隠語

大津皇子謀反事件は、謎だらけだ。『日本書紀』は多くを語らないが、逆に『万葉集』は饒舌だ。そして「隠語」を駆使して事件の真相を必死に伝えようとしているのではないかと思えてくる。

たとえば大津皇子の周辺に、「石川郎女《いしかわのいらつめ》（女郎《いらつめ》とも。郎女は「若い女性」）」が頻繁に登場するのは妙にひっかかる。「石川郎女」なる女人は、『万葉集』の至る場面に登場する謎の女性であり、恋多き女性である。

以下、石川郎女について考えておきたい。

『万葉集』巻二―九六から一〇〇に至る一連の歌は、「久米禅師《くめのぜんじ》石川郎女を娉《よば》ふ時の歌五首」で、久米禅師の正体は、分かっていないが、天智朝の人物だ。

歌の内容は、久米禅師が石川郎女に求愛し「あなたの気を引いても、貴人ぶって断るでしょう」と探りを入れると、石川郎女は誘いに乗った素振りを見せる。けれども一方で、久米禅師の心変わりを心配する。これに対し久米禅師は、強い意志を示したのだった。

次に石川郎女が登場するのは、『万葉集』巻二―一〇七の、天武天皇崩御の直後の歌だ。題詞には次のようにある。「大津皇子、石川郎女に贈る御歌一首」

あしひきの山のしづくに妹《いも》待つとわれ立ち濡《ぬ》れぬ山のしづくに

（大意）妹（石川郎女）を待っていると、山のしずくに濡れてしまった……。

これは明らかに恋の歌だ。石川郎女がこれに応えている。二－一〇八の歌で「石川郎女、和へ奉る歌」だ。

吾《あ》を待つと君が濡れけむあしひきの山のしづくに成らましものを

（大意）私を待っていてあなたが濡れたという山のしずくに、私がなれるのならなりたかった……。

ここまでは、恋する男女のやりとりだ。しかし、次第に雲行きが怪しくなっていく。巻二－一〇九は、大津皇子と石川郎女の密会を陰陽師《おんみようじ》の津守連通《つもりむらじとおる》が占い見破っていたのだという。

大船《おほぶね》の津守の占《うら》に告《の》らむとはまさしに知りてわが二人宿《ね》し

大胆にも、二人は密会が露顕しているのを承知だったという。いったいこれは、何を意味しているのだろう。

ヒントを握っているのは、巻二－一一〇の歌だ。草壁皇子が石川郎女にご執心だったのだ。

大名児《おほなこ》を彼方野辺《をちかたのべ》に刈《か》る草《かや》の束《つか》の間《あひだ》もわれ忘れめや

（大意）名児（石川郎女）を、あちらの野辺で刈っている草（萱《かや》）の一束の束の間でも忘れるものか……。

一連の歌を総合すれば、大津皇子と草壁皇子は石川郎女をめぐって恋の鞘《さや》当てをしていたことになる。そして、勝ったのは大津皇子であった。

恋多き女性・石川郎女の謎

興味深い歌が、この後続く。巻二―一二九は、「大津皇子の宮の侍石川女郎《まかたちいしかわのいらつめ》、大伴宿禰宿奈麿《おほとものすくねすくなまろ》に贈る歌一首」だ。

古《ふ》りにし嫗《おみな》にしてやかくばかり恋に沈まぬ手童《たわらは》の如《ごと》

(大意) 年をとってしまい老婆になってしまったが、子供のように恋に溺れてしまうものだろうか。

『万葉集』は、その巻のテーマ(相聞《そうもん》、その他)ごとに、時間経過に合わせて歌を掲載していく。だから、石川女郎は大津皇子の宮の侍だが、すでにこの時、大津皇子は死んでいたことになる。しかも、石川女郎は年をとってしまい、それでも「まだまだ恋をしている」というのだ。

この直前の巻二―一二六から一二八に至る歌は、大伴宿禰田主《たぬし》(大伴旅人《たびと》の弟)

と石川郎女の間に交わされた歌だ。容姿端麗な大伴田主とともに暮らしたいと願った石川郎女は、老婆の姿に身をやつし、大伴田主のもとを訪ねたが、目的を果たせなかった。そこで、次の歌を残す。

遊士《みやびを》とわれは聞けるを屋戸《やど》貸さずわれを還《かへ》せりおその風流士《みやびを》

（大意）あなたは風流人と聞いておりましたのに、私に宿を貸さずに帰してしまったのは、間抜けな方ですね。

すると大伴田主が、歌を返した。

遊士《みやびを》にわれはありけり屋戸《やど》貸《か》さず還《かへ》ししわれそ風流士《みやびお》にはある

（大意）石川女郎を泊めずに追い返した私こそ、風流人なのだ。

石川郎女は脚の病に悩む大伴田主を見舞ったのだと、負け惜しみをいい、「つとめたぶべし（しっかりしてください）」と、注文をつけて、一連の歌は終わる。

どの歌を見ても、石川郎女は「恋多き女性」である。男性を積極的に誘惑するし、時に誘惑される。この女性、正体を突きとめることはできるのだろうか。

通説は『万葉集』に登場する石川郎女（女郎）は、同一人物ではないと考える。あまりにも長い間登場するからだ。それはそうかもしれないが、それならなぜ、「石川郎女」なる恋多き女性が、複数の男性にモーションをかけ続けていたのだろう。妙に気になって仕方ない。

蘇我氏とつながっていた大津皇子

『万葉集』は、単純な文学作品ではない。その編纂目的と読み方を覚えておく必要がある。

『万葉集』は『日本書紀』や『続日本紀』によって抹殺されてしまった敗者の歴史、敗れた者の言い分を、多くの歌を駆使して暴露している。だから『万葉集』は、歌そのものではなく、全体の流れから読み解く必要があると思う。

『万葉集』編者は、何かしらの目的を持って、「歌を使った物語」「歴史を解くヒント」を提示しているように思えてならないのである。

『万葉集』の場合、作者の名をそのまま信じられない場合がある。高貴な人に成り代わって、歌の達人が「代作」することもあったが、『万葉集』の編者が作者の名と時代背景を恣《し》意的に入れ替えていた作品があったと思われる。

たとえば、「石川郎女（女郎）」は、実在の人物ではないだろう。「石川」で思い浮かぶのは「蘇我」で、ここに『万葉集』編者の「技」が隠されている。蘇我氏は「石川」を名乗るようになっていったのだ。すなわち「石川郎女」から真っ先に連想されるのは「蘇我」だったのである。「石川郎女は隠語」といったのは、大津皇子と「蘇我」のつながりの中に、この時代の謎を解く鍵が隠されていると考えたからだ。

そこで、それぞれの歌に登場する「石川郎女」を「蘇我氏」に置き換えてみると、興味深い事実に気付かされる。

まず、正体不明の久米禅師と石川郎女の歌のやりとりは、天智天皇の治政下の話だった。石川郎女も久米禅師も、『日本書紀』にはまったく登場してこないが、石川郎女は「蘇我氏そのもの」と考えれば、久米禅師が誰を指しているのかが、分かってくる。

意外なことだが、天智天皇は晩年蘇我氏を頼っていた。もちろん、天智天皇と蘇我氏は犬猿の仲にあったが、天智天皇は白村江《はくすきのえ》の戦いで日本を滅亡の危機に追いやり、人気がなかった。そこで、蘇我氏の力を借りざるを得なかった。天智朝末期の朝堂を、蘇我系豪族が席巻し、親蘇我派の大海人皇子が皇太子に選ばれたのは、このためだ。

そこで石川郎女が「本気かしら。裏切らないかしら」と心配した久米禅師を、天智天皇に入れ替えてみると、歌の深意が分かってくるのである。

大津皇子謀殺の後に大伴氏が頻繁に登場し、石川郎女と恋の駆け引きをし、最後は石川郎女に「しっかりしなさい」と、たしなめられているところも、無視できない。

藤原不比等が台頭し律令が整うと、旧豪族層は次々と没落していった。最後に残ったのが大伴氏で、藤原氏との間に暗闘をくり広げるが、名門であるがゆえの脇の甘さが露呈した（第六章「橘奈良麻呂《たちばなのならまろ》の変」の段で触れる）。

そう考えてくると、天武天皇の崩御直後の草壁皇子、大津皇子、石川郎女の歌のやりとりは、じつに興味深い。草壁皇子は石川郎女（蘇我氏）に近づこうと考えたが、大津皇子に掠《さら》われている。これは、いまだ強大な勢力を誇っていた蘇我系豪族や親蘇我派の皇族が、草壁皇子ではなく大津皇子を推す覚悟を決めたことを暗示している。そしてこの事態を津守連通の占いで見破っていたというが、鸕野讃良は「蘇我派」の考えを掌握していて、だからこそ大津皇子を抹殺してしまおうと考えたのだろうし、その後草壁皇子が即位できなかった理由もはっきりとする。

第二章

珂瑠皇子立太子

鸕野讃良と珂瑠皇子はなぜ即位できたのか

『日本書紀《にほんしょき》』の記事を素直に読み直せば、持統《じとう》天皇と孫の文武《もんむ》天皇（珂瑠《かるの》［軽］皇子《みこ》）の即位に疑念をさしはさむ余地はない。「何のトラブルもなくスムーズに行われた」と記録されている。二人は即位するのが当然であったと信じるほかはない。史学者たちも同じで、「なぜこの二人が即位できたのか、わけがわからない」と、頭を抱えたりはしない。

しかし筆者は、不思議に思えてならない。なぜ持統と文武は、即位できたのだろう……。常識では考えられないのではないか、と疑ってしまうのだ。話を蒸し返すようだが、大津皇子《おおつのみこ》謀反事件の真相を知れば、なおさらのことだ。

大津皇子の謀反事件は、鸕野讃良《うののさらら》の陰謀と考えるほかはない。すでに述べたように、もし大津皇子に非があるならば、『日本書紀』は事件の経過を、隠し立てすることなく記録しただろう。ところが『日本書紀』は、大津皇子が父親の殯宮《もがりのみや》を抜け出し伊勢に向かっていたことを、公表しなかった。これに対し、『万葉集《まんようしゅう》』は、大伯《おおくの》（大来）皇女《ひめみこ》の歌を掲載することで、大津皇子が伊勢に向かい、しかも刑死後、二上山に葬られたことを後世に伝えたのだ。どう考えても、事件をでっち上げたのは鸕野讃良で、大津皇子は冤罪《えんざい》によって滅ぼされたとしか考えられない。鸕野讃良を取りまく人脈も反蘇我《そが》派が多く、天武朝《てんむちょう》が親蘇我政権と推理する私見から考えて、矛盾する。

持統朝で活躍する人物の中に壱伎《いきの》（伊吉《いき》）博徳《はかとこ》なる者がいて、この人物は藤原氏と接点を持っている。だから斉明《さいめい》・天智《てんじ》朝で活躍したが、壬申《じんしん》の乱ののち天武朝では完璧に干されていた。『日本書紀』にまったく登場してこない。ところが、大津皇子の事件に連座したと、唐突に再登場したのだ。もちろん、この人物は、事件のあと何のお咎《とが》めもなく釈放され、のちに出世している。謀反事件が陰謀とすれば、壱伎博徳は工作員となって大津皇子をはめた可能性も出てくる。

こういう天武朝でまったく相手にされなかった人びとが鸕野讃良の周辺に集まっていたとすれば、大問題である。

鸕野讃良は天智天皇の娘であり、こののち藤原不比等《ふじわらのふひと》を大抜擢《ばってき》していくのだから、天武の遺臣はヘソを曲げ、協力する気にはなれなかっただろう。

だからこそ、鸕野讃良と草壁皇子《くさかべのみこ》は、しばらく没落し、草壁皇子は玉座をつかめなかったのだろう。

このように考えてくれば、鸕野讃良と孫の珂瑠皇子の即位が、奇跡のように思えてくる。

鸕野讃良は、どのようなトリックを使ったのだろう。

『日本書紀』は鸕野讃良の即位と珂瑠皇子立太子を、神話の世界に遡《さかのぼ》って無理矢理正当化しようとした気配がある。

『日本書紀』は、持統天皇をアマテラス（天照大神《あまてらすおおみかみ》）になぞらえている。持統の崩御《ほうぎょ》時の諡号《しごう》は「大倭根子天之広野日女尊《おおやまとねこあまのひろのひめのみこと》」だったが、『日本書紀』編纂時には「高天原広野姫天皇《たかまのはらのひろのひめのすめらみこと》」にすり替えられていたのだ。これは、天上界（高天原）を支配するアマテラスそのものだ。

それだけではない。神話のストーリーに持統と文武の即位を組み込んでいる。

アマテラスは子の正哉吾勝勝速日天忍穂耳尊《まさかあかつかちはやひあまのおしほみみのみこと》を地上界に降ろして君臨させようとしたが、孫の天津彦彦火瓊瓊杵尊《あまつひこひこほのににぎのみこと》が生まれたので、急きょ天津彦彦火瓊瓊杵尊を真床追衾《まとこおうふすま》（胞衣《えな》）にくるんで降ろしたとある。

この話は、持統天皇の子・草壁皇子が亡くなり、やむなく孫の珂瑠皇子の即位を願った話に重なってくると指摘されている。そこまでしなければならなかったのは、文武の即位が尋常ならざる形で行われていたからだろう。

もちろん珂瑠皇子（文武天皇）は草壁皇子と阿閇皇女《あへのひめみこ》（のちの元明《げんめい》天皇）の間の子で、祖父は天武天皇、祖母は持統天皇なのだから、この系譜だけを見ている分には、珂瑠皇子が担ぎ上げられたことは当然のように思える。けれども、奇妙なことはいくつもある。

まず、持統天皇が即位できたことも不思議なことで、さらに憶測を進めれば、大津皇子謀殺によって、草壁皇子即位の線も消えたと考えるのが自然だ。

草壁皇子が岡宮にいた意味

草壁皇子が失意の中亡くなっていたことは、『日本書紀』の記事から読み取ることができる。

持統元年（六八七）春正月以後、草壁皇子が亡くなる直前まで、『日本書紀』の記事は天武天皇の殯宮で執り行われる諸々の行事と、新羅《しらぎ》などの弔問使の記事に終始し、政治的な動きが、ほとんど見られない。

そして問題は『日本書紀』を読む限り、この間の鸕野讃良と草壁皇子の居場所が、はっきりとわからないことだ。

ただし、『日本書紀』の次に記された『続日本紀《しょくにほんぎ》』に、草壁皇子の宮が明記されている。天平宝字《てんぴょうほうじ》二年（七五八）に草壁皇子に「岡宮御宇天皇《おかのみやにあめのしたしらしめししすめらみこと》」の諡号が与えられていたのだ。「岡宮で天下を治めていた天皇」という意味だ。これはもちろん、追諡《ついし》で岡宮御宇天皇が実際に即位していたことを意味しているのではない。けれども、なぜ、『日本書紀』は草壁皇子の宮の名を隠したのだろう。ここに、大きな秘密が隠されているはずである。

それだけではない。岡宮そのものに問題がある。そこで、岡宮の場所を特定しておこう。

『万葉集』巻二‐一六七は日並知皇子《ひなみしのみこ》（草壁皇子）の殯宮の時、柿本人麻呂《かきのもとのひとまろ》が詠んだ歌で、さらに一七一から「皇子尊の宮の舎人《とねり》等《ら》の慟《かな》しび傷《いた》みて作る歌二十三首」が続く。

岡寺（奈良県明日香村）

その中で、草壁皇子の居場所を「島《しま》の宮」「島の御門《みかど》」と呼んでいる。おそらく、蘇我馬子《うまこ》の墓とされる石舞台《いしぶたい》の築かれた周辺を指しているのだろう。だから、「岡宮」をこの一帯に比定する考えが根強い。

ただし、同じ明日香の少し山側にずれた地に岡寺があって、ここに草壁皇子にまつわる濃厚な伝承が残されているので無視できない。

岡寺は龍蓋寺《りゅうがいじ》と呼ばれ、西国三十三所観音霊場の七番札所だ。明日香では最後に建てられた寺で、なぜか急峻な坂道を登った不便な場所に立つ。

岡寺の史料上の初出は正倉院《しょうそういん》に残さ

れた記録で、天平《てんぴょう》十二年（七四〇）に岡寺の経典が朝廷に貸し出されたとある。ただし、それ以上のことは記されていない。

岡寺と草壁皇子を結びつけるのは、岡の地と縁の深い僧・義淵《ぎえん》である。

義淵の俗姓は市往《いちき》氏で、大和国高市郡《たかいちぐん》市往岡の地名と関わりが深い氏族だ。『新《しん》撰姓《せんしょう》氏録《じろく》』によれば、市往氏は百済《くだら》国の明王から出たとあり、渡来系だったことが分かる。つまり百済王家の縁者だ。

義淵はまさに市往岡の出身で、『続日本紀』に登場する有名人だ。文武三年（六九九）に学業を褒められた。亡くなる前年の神亀《じんき》四年（七二七）十二月には、聖武《しょうむ》天皇が次の勅《みことのり》を発している。

「僧正《そうじょう》義淵法師は奥義を会得した仏法界の重鎮で、恵みの灯を三界《さんがい》（欲界《よくかい》、色界《しきかい》、無色界《むしきかい》）に照らす僧であった。元正《げんしょう》天皇の御代から朕が代まで内裏《だいり》の道場で仏寺に供奉《ぐぶ》し、過ちを何ひとつ犯さなかった。思うに、人となりが優れているからだ。そこで市往氏を改め、岡連《おかのむらじ》の姓を賜い、その兄弟に伝えなさい」

これだけ褒められる僧は、それほど多くはいない。弟子の名を挙げれば、いかに偉大な人物だったかが分かる。玄昉《げんぼう》、行基《ぎょうき》、良弁《ろうべん》、隆尊《りゅうそん》、道鏡《どうきょう》と、まさに歴史を動かした人たちだ。

そこで問題となってくるのが、義淵の人脈である。『醍醐寺本諸寺縁起集《だいごじぼんしょじえんぎしゅう》』には、義淵が国家隆泰と藤原氏の繁栄を願って、岡寺を創建したとある。『扶桑略記《ふそうりゃっき》』には、義淵は大和国高市郡の人で、その父母に子がなかったため、観音に祈願して授かった子だったという。これを知った天智天皇は、草壁皇子らとともに岡本宮《おかもとのみや》で養育した。のちに義淵は僧正に任ぜられ、龍蓋寺（岡寺）を建立したというのである。また、『東大寺要録《とうだいじようろく》』と『七大寺年表《しちだいじねんぴょう》』には、義淵と草壁皇子が育てられたのは「岡宮」だと記録している。『太子伝玉林抄《たいしでんぎょくりんしょう》』や『帝王編年記《ていおうへんねんき》』は、岡本宮は岡宮のことと指摘する。

藤原氏の繁栄を祈って岡寺を創建し、天武天皇の皇子を天智天皇が義淵と一緒に養育したという話、義淵が「百済王の縁者」だったという事実、どうにもひっかかる。『ヤマト王権と古代史十大事件』で記したように、中臣鎌足は人質として来日していた百済王子豊璋《ほうしょう》と筆者は見る。豊璋（中臣鎌足）は百済救援に消極的な蘇我本宗家を潰すために、中大兄皇子《なかのおおえのみこ》（天智天皇）をそそのかし、多武峰《とうのみね》で密議を重ねたという。多武峰の中腹に岡寺（岡宮）が位置し、さらに下れば石舞台の一帯に出る。

この岡寺周辺の位置関係と人脈を重ね合わせれば、ひとつの構図が見えてくる。すなわち、草壁皇子は天武天皇崩御ののち即位することができず、天智天皇や百済系の息のかかった人脈に囲まれ、蘇我系政権と距離を保っていた疑いが強まる。もちろん、鸕野讃良も、同様に孤立していたのではあるまいか。だからこそ、『日本書紀』は草壁皇子の居場所を、隠し通したのだろう。

草壁皇子だけではない。持統は蘇我氏の宿敵・中臣鎌足の子の藤原不比等を大抜擢していく。『扶桑略記』には、即位後持統が「藤原不比等の私邸を宮にしていた」という記事があって、ほとんど無視されているが、やはりここにも大きな謎が隠されている。藤原不比等の父親の中臣（藤原）鎌足は、大友皇子《おおとものみこ》の即位を願っていたのだから、天武の王家の中で藤原不比等は冷や飯を喰らっていたはずだ。

第一章で触れたように、蘇我系豪族が大津皇子を支持していたとしたら、群臣は持統の即位に冷ややかだった可能性は高く、しばらくの間、即位は持統の「自称」「自演」だった可能性が出てくる。それでなくとも、持統は天智の娘なのだから、壬申の乱（六七二）を制して誕生した天武の王家の中で、天智の娘が即位する可能性は低かった。

持統天皇と藤原不比等のコンビは、天智天皇と中臣鎌足の再来であって、壬申の乱をやっとの思いで勝ち残ってきた群臣たちにすれば、持統政権の出現は、悪夢でしかなかっただろう。

天香具山の歌が語る静かな政変劇

持統が静かな政変劇を演じていたことを『万葉集』は告げている。

『万葉集』巻一‐二八に、有名な持統天皇の歌がある。題詞には「藤原宮に天の下知らしめしし天皇の代」とあり、さらに「高天原広野姫天皇（持統）が持統十一年（六九七）に軽太子《かるのひつぎのみこ》（珂瑠皇子）に皇位を譲り、尊号は太上《だじょう》天皇という」と、注が添えられている。となれば、この歌は、文武天皇が誕生した時の気持ちを歌っているることになるのだろうか。

春過ぎて夏来《きた》るらし白栲《しろたへ》の衣《ころも》乾《ほ》したり天《あま》の香具山《かぐやま》

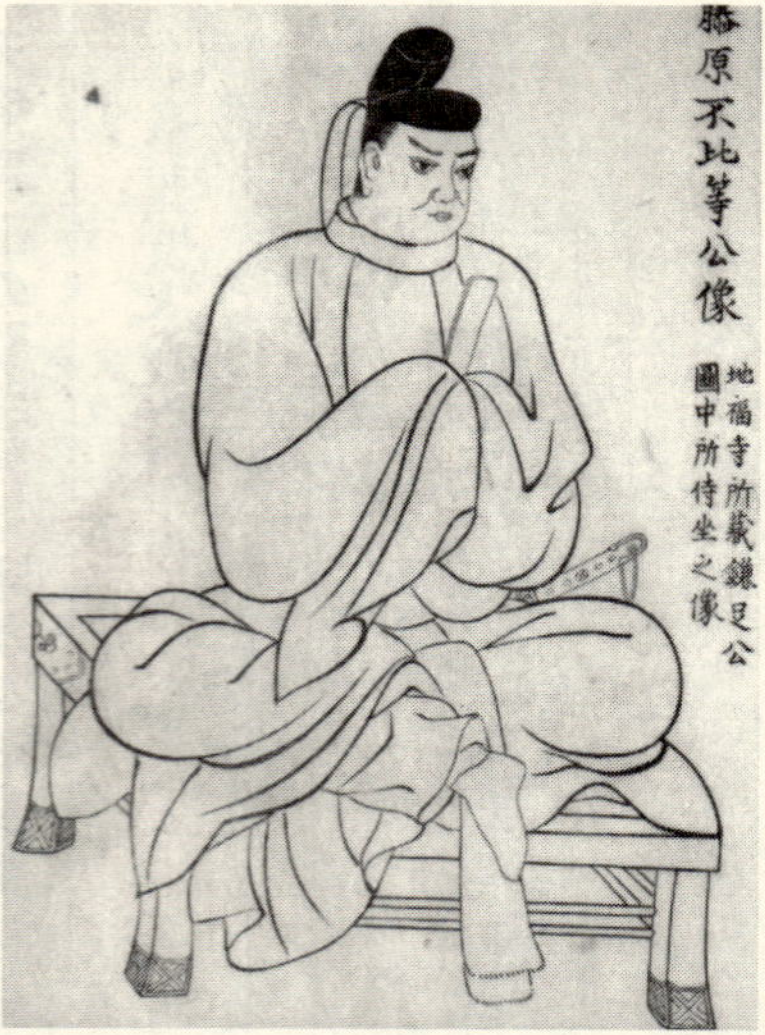

『集古十種』に描かれた藤原不比等（国文学研究資料館蔵）

夏がやってきた。天香具山に、白妙の衣が干してあるよ、という即物的な歌だ。百人一首に取りあげられたからだろうか、意外に評価は高い。ちなみに、百人一首ファンには申し訳ないが、古くから百人一首は、「なぜ藤原定家ともあろう者が、あのような駄歌ばかりを集めたのか」と、不思議がられてきた。

だから百人一首には、何かしらの暗号が散りばめられているのではないかと、疑われ、いくつもの説が飛び出しているのだ。そう考えない限り、百人一首の存在理由が見当たらないからである。

それはともかく、問題は持統天皇の天香具山の歌の意味である。

天香具山はヤマトを代表する霊山で、この山の土をとった者が、ヤマトの王になれると信じられていた。ヤマトの物実《ものざね》(象徴)が、天香具山だった。その霊山に白い洗濯物が干してあるという状況、なぜこれまで、不思議に思われてこなかったのだろう。くどいようだが、天香具山は日常の生活の場ではない。

梅澤恵美子は『額田王の謎』(PHP文庫)の中で、白栲を「豊受大神《とようけのおおかみ》の天《あま》の羽《は》衣《ごろも》伝承」と喝破している。

伊勢神宮の祭神・豊受大神は、はじめ丹後国《たんごのくに》で祀《まつ》られていた。いきさつは『丹後《たんごの》国風土記《くにのふどき》』逸文《いつぶん》に残されている。

八人の天女が比治《ひじ》の真名井《まない》に舞い降りたが、その時悲劇的な事件が起きていた。天の羽衣を木に掛け沐浴《もくよく》をしていた豊受大神だったが、老翁《おきな》に羽衣を盗まれ、身動きができなくなって、老翁のもとで暮らすことになった。万病に効く薬をつくったから、老翁の家は豊かになった。ところが、老翁は慢心して傲慢になったため、豊受大神は逃げていったのだ。これが、天の羽衣伝承で、件《くだん》の天香具山の白栲は、まさに豊受大神の持ち物であり、豊受大神が呑気に天香具山の近くで沐浴をしていて、その白栲を見て、持統天皇がほくそ笑んでいるのが、歌の真意だと梅澤恵美子

籠神社の奥宮・真名井神社（宮津市）

はいうのである。

問題は、豊受大神が天の羽衣を奪われて霊力を失ったこと、空を飛んで天に戻ることができなくなったことで、持統天皇は「春が過ぎ夏が来て、天の羽衣を奪うチャンスが訪れたのだ」とほくそ笑んでいたことになる。

豊受大神は不思議な存在で、伊勢神宮に祀られながら、なぜか『日本書紀』に登場しない。豊受大神は八世紀の朝廷にとって、じつに扱いにくい存在だったようなのだ。彼らの政敵と豊受大神がつながっていたからである。

六世紀後半から七世紀前半の蘇我系の王家の面々や蘇我氏は、なぜか「トヨ」

の名を冠している。推古《すいこ》天皇は「豊御食炊屋姫《とよみけかしきやひめ》」、聖徳太子は「豊耳聡聖徳《とよみみとしょうとく》」、用《よう》明《めい》天皇は「橘豊日天皇《たちばなのとよひのすめらみこと》」、蘇我蝦夷《えみし》（あるいは入鹿《いるか》）は豊浦大臣《とゆらのおおおみ》といった具合だ。それはなぜかといえば、豊受大神は邪馬台国の「台与《とよ》（壱与《いよ》）」を神格化したもので、ヤマト建国時の因縁を七世紀の蘇我の王家が継承していたからだと思う（拙著『海峡を往還する神々』ＰＨＰ文庫）。彼らは「トヨ（豊受大神）の王家」であった。

『ヤマト王権と古代史十大事件』で述べたように、天武天皇は蘇我氏や蘇我系豪族の後押しを受けていて、「トヨの王家」の一員だった。この強固な蘇我系の王家を持統天皇と藤原不比等は潰しにかかり、それを天香具山の歌の中で示していたのだろう。

問題は、『万葉集』の編者が、「この歌ができたのは、持統が珂瑠皇子に譲位した頃」と、注を添えたことであり、このさり気ない行為の中に、大きな意味が隠されていると気付くべきだ。

そこで注目されるのが『日本書紀』の最後の一行だ。持統十一年（六九七）八月一日のことである。

天皇《すめらみこと》、策《みはかりこと》を禁中《おほうち》に定めて、皇太子《ひつぎのみこ》に禅天皇位《くにさ》りたまふ

この文章は、中国の歴史書を真似ているのだが、『日本書紀』が持統太上天皇の崩御ではなく、策を定めた上で、孫の珂瑠皇子に譲位したというこの一節で筆をおいたところに、深い意味が隠されていたように思えてならない。それほど、文武天皇の即位は、重要な意味を持っていたはずなのだ。

高市皇子は皇太子だった

珂瑠（軽）皇子立太子には「事件性」がある。その謎を追ってみよう。

『日本書紀』の持統十年（六九六）から十一年にかけて、不可解な記事がいくつか存在する。その第一が、秋七月十日、「後皇子尊《のちのみこのみこと》薨《みう》せましぬ」であり、翌年二月二十八日の、「当麻真人国見《たいまのまひとくにみ》を東宮大傅《みこのみやのおおきかしづき》に、路真人跡見《みちのまひととみ》を春宮大夫《みこのみやのつかさのかみ》とし、巨勢朝臣粟持《こせのあそみあわもち》を亮《すけ》（次官）とした」という人事に関する記事だ。

まず、最初の記事から見ていこう。「後皇子尊」とは誰だろう。じつは、『日本書紀』をここだけ読んでも、その名前がはっきりとわからないのだ。「後皇子尊」などという尊号も、他に例を見ず不自然だ。

種明かしをすれば、これは高市皇子《たけちのみこ》を指している。

時間を巻き戻すが、持統天皇の即位が持統四年（六九〇）春正月、その年の七月五日、『日本書紀』には「皇子高市を太政大臣《だいじょうだいじん》とし、丹比嶋真人《たじひのしまのまひと》を右大臣とした。あわせて八省《はっしょう》・百官《ひゃっかん》（お役所の役人）を任命した」という記事がある。ここで高市皇子が太政大臣に任命されていること、「草壁皇子」も太政大臣として政務を司《つかさど》り「尊」の称号を与えられたことから、高市皇子を「後皇子尊」と呼んだらしい。

ただし、のちの時代の太政大臣よりも、高市皇子はさらに強大な権力を獲得していたと考えられている。それは天皇大権の代行者であった。『万葉集』巻二―一九九の柿本人麻呂の歌の中に、そのことが記されている。題詞は「高市皇子尊《たけちのみこのみこと》の城上《きのへ》の殯宮《あらきのみや》の時、柿本朝臣人麿《かきのもとのあそみひとまろ》の作る歌一首」とある。問題の一節だけを抜粋しておく。

やすみしわご大王《おほきみ》の天の下申し給へば万代《よろづよ》に然《しか》しもあらむと（後略）

すなわち、高市皇子は天の下の政治を執り行われたので、万代までもそのように続くのだろう、という。皇親政治体制の中で、高市皇子は強大な権力を保持していたことが分かる。そして持統天皇即位の直後に太政大臣に任命されていたとすれば、「なぜ持統は即位できたのか」の謎を解く鍵となる。すなわち、鸕野讚良が高市皇子に対し、「私が即位するが、実権をそなたに授けよう。政局の運営、律令整備をすべて委ねよう」と持ちかけていたとすれば、持統天皇即位の現実性が高くなる。

だが、ここでひとつ不思議に思うのは、なぜ『日本書紀』が、高市皇子の死の記事を明確に示さず、「後皇子尊薨せましぬ」と記録したのか、ということだ。高市皇子の死を隠匿したつもりなのだろうか。ならば、なぜ……。

すでに述べたように、政治の実権を握っていた太政大臣だからこそ、高市皇子は「後皇子尊」と呼ばれたと考えられているが、皇位継承候補の筆頭に立っていたのではあるまいか。

第一に、「尊」は天皇に準じる人に与えられる尊称だ。さらに高市皇子の死の直後、立太子問題が浮上し、しかもその事実を、『日本書紀』が無視し、記録していない。これがかえって怪しい。

またその一方で、すでに述べたように、この時皇太子の身の回りの世話をする役所の人事が決まっていて、「立太子記事がないのに皇太子が存在したことだけは分かる」という不自然な記述を『日本書紀』は残していたのである。

『日本書紀』が隠匿した立太子記事が、『懐風藻』の意外な場所に残されている。そしてここに珂瑠皇子立太子の闇が記録されている。

壬申の乱で大海人皇子に殺された大友皇子の長子に葛野王《かどのおう》がいた。母は天武の娘の十市皇女《とおちのひめみこ》で、もし壬申の乱で大友皇子が勝っていれば、もっとも皇位に近かった人物だ。『懐風藻』はこの人物の歌を紹介する場面で、高市皇子の薨去《こうきょ》（死）の直後、皇太后《こうたいごう》（持統）は、皇族や群臣を集め、皇太子を誰にするか、会議を開いたといっている。この結果珂瑠皇子の立太子が決定した。ただし、すんなり順当に決まったわけではなかった。

時に群臣《ぐんしん》各《おのがじし》私好《しかう》を挟《さしはさ》みて、衆議《しゅうぎ》紛紜《ふんうん》なり

群臣は好き勝手をいい、意見が噴出し、混乱した。

なぜ事態が紛糾したかというと、ここには、歴史の闇が眠っているように思われる。

この時、葛野王が次のようにいい放っている。

「我が国は神代から今まで子孫が皇位を嗣いできたのに、いま、もし兄弟が相続すれば、乱はここから始まるだろう」

この言葉は事実ではない。皇位継承は、盛んに兄弟間で行われていたからだ。

ここで天武の子・弓削皇子《ゆげのみこ》が抗議しようとした。ところが、葛野王が一喝した。

皇太后其の一言《いちげん》の国を定めしことを嘉《よ》みしたまふ

皇太后は、この一言が国の行く末を定めたといい、非常に喜んだと、『懐風藻』は結ぶのである。

『懐風藻』は大津皇子を「太子」と呼び、さらに即位していたはずの持統を「皇太后（先帝の皇后）」と呼んでいる。これもおかしな話で、『懐風藻』は「『日本書紀』の記事にあえて異論を唱える」つもりなのではあるまいか。即位していたのにわざと「皇太后」を用いたのであれば、「高市皇子の死は、不自然ではなかろうか」と囁いているような気がしてならないのである。

また、『懐風藻』は葛野王の言葉を借りて、「兄弟間の皇位のやりとりにしてはいけなかった」、と告げるが、持統天皇から天武天皇の皇子につなげるのなら、「義理の母（継母《まはは》）と息子」なのだから、辻褄が合わない。

もし仮に、『懐風藻』の言葉を素直に信じるならば（つまり、持統天皇ではなく持統皇太后なら）、天武天皇崩御ののち天皇不在の空白の時期が続いていたことになる。そして、高市皇子が亡くなった段階で、なぜか大慌てで皇位継承問題が浮上していたのだ。この動き、何か釈然としない。

憶測を逞しくするなら、この時二朝並立状態が出来《しゅったい》していたのではあるまいか。そのかすかな証拠となるのが、三種の神器のひとつ、草薙剣《くさなぎのつるぎ》ではないだろうか。

珂瑠皇子立太子の裏側

時間をかなり巻き戻す。

天智七年（六六八）是歳《このとし》の条に、奇妙なことが書かれている。沙門道行《ほうしどうぎょう》が草薙剣を盗み、新羅に逃げようとしたが、風雨に見舞われ、もどってきたというのである。

道行は熱田神宮に忍び込んだのだろう。このため草薙剣は、しばらく宮中で祀られていたようだ。朱鳥《あかみとり》元年（六八六）六月十日、天武天皇発病の原因を卜《うらな》ってみると、草薙剣が祟っていると出た。そこですぐさま、熱田神宮に送ったというのである。

この時天武天皇は病の床に伏せっていたのだから、草薙剣を尾張《おわり》に送ったのは鸕野讃良であろう。卜いを「口実」にしたのは、草薙剣が邪魔になったからだろう。ここでさらに憶測を許されるならば、新羅の道行が草薙剣を盗んで嵐に遭い引き返して、たまたま草薙剣がもどってきたという話も、できすぎた話で信用できない。

そこで、ひとつの仮説を用意してみよう。

天武天皇は律令の整備を急ぎ、伊勢祭祀や、大嘗祭《だいじょうさい》など、天皇の即位と天皇の行う祭祀に関しても、新たなシステムを導入していた可能性が高い。その中で、「三種の神器」にまつわる規則をもし定め、天皇が即位するにはこれらの神器を合わせる必要がある、と規定していたら、どうだろう。壬申の乱の功労者・尾張氏の所持する草薙剣の権威を高める目的もあっただろう。これに対し鸕野讃良は「祟るから」と理由をつけて草薙剣を宮中から遠ざけ、かたや大津皇子は、草薙剣を取りもどしに東国に向かっていた……。そこを鸕野讃良は「謀反」と濡れ衣を着せ、大津皇子を抹殺。その上で、草薙剣を我が物にして、草壁皇子の即位を強行しようと企んだのではなかったか。すなわちここで、壮絶なレガリアの争奪戦が勃発していたのではなかったか……。

さらに鸕野讃良は草壁皇子亡き後、自ら即位を目論むも、諸王群臣らが賛同せず、やむなく藤原不比等の自宅を「宮」と称し、また、三種の神器を所持しているという「正統性」を掲げた（すなわち天武天皇が定めたという皇位継承法を守っているのは自分たちという大義）のではなかったか。これに対し反鸕野讃良陣営は、高市皇子を押し立て、実権を握り、二つの勢力がにらみ合いを続けていた……。

そして、高市皇子が不慮の事故で亡くなり（証拠はないが、暗殺の可能性も否定できない）、急きょ皇位継承問題が持ち上がり、ここで葛野王が並みいる天武系の御子たちを圧倒し、珂瑠皇子立太子に漕ぎつけたのではなかったか。こう考えると、色々な矛盾が、一気に氷解するのである。

第三章

石川刀子娘貶黜事件

石川刀子娘貶黜事件は時代の節目

和銅《わどう》六年（七一三）に勃発した石川刀子娘《いしかわのとねのいらつめ》貶黜《へんちゅつ》事件といっても、ほとんど知られていない。しかし、この事件が起きなければ、首皇子《おびとのみこ》（聖武《しょうむ》天皇。文武《もんむ》天皇の子）の立太子や藤原《ふじわら》氏のひとり勝ち、藤原千年の歴史はなかった。それほど重要な「節目」が、ここで起きていたのである。

ここで、『日本書紀《にほんしょき》』と『続日本紀《しょくにほんぎ》』に沿って、時代のおおまかな流れをおさらいしておこう。

朱鳥《あかみとり》元年（六八六）に天武《てんむ》天皇が崩御《ほうぎょ》、持統《じとう》三年（六八九）に草壁皇子《くさかべのみこ》が亡くなる。この年、飛鳥浄御原令《あすかきよみはらりょう》を諸司に頒布《はんぷ》。翌年、持統天皇が即位し、高市皇子《たけちのみこ》が太政大臣《だいじょうだいじん》となる。藤原京《ふじわらきょう》の造営が始まり、持統八年（六九四）に遷都《せんと》。文武元年（六九七）、持統天皇が譲位し、文武天皇が即位。大宝《たいほう》元年（七〇一）に大宝律令が施行された。律令の整備は、ほぼこの段階で完了した。大宝二年（七〇二）に持統太上《だじょう》天皇が崩御。慶雲《けいうん》四年（七〇七）に文武天皇も崩御。持統の妹で文武の母・

阿閇皇女《あへのひめみこ》が即位し、元明《げんめい》天皇となる。ちなみに、このあと元明の娘（氷高内親王《ひたかないしんのう》）が即位（元正《げんしょう》天皇）し、女帝が続くが、その最大の理由は、時間稼ぎであろう。のちに即位する首皇子は、大宝元年の生まれで、まだ幼少だった。

和銅元年（七〇八）に藤原不比等《ふひと》は右大臣に昇進、上司は左大臣の石上《いそのかみの》（物部《もののべ》）麻呂《まろ》だ。この年、和同開珎《かいちん》を発行。和銅三年（七一〇）平城京《へいじょうきょう》遷都が行われ、左大臣の石上麻呂は旧都の留守役として棄てられた。和銅七年（七一四）、国史撰修が命じられる。そして、首皇子が立太子した。ただし、霊亀《れいき》元年（七一五）に元明天皇は娘に譲位し、元正天皇が即位する。不比等の娘・光明子《こうみょうし》はこの年、皇太子妃（首皇子の妃）となった。首皇子が即位するのは、神亀《じんき》元年（七二四）のことだ。

これが、石川刀子娘貶黜事件前後の、おおまかな歴史で、平城京遷都の直後に、事件は起きていたことになる。そこで事件の全貌を追ってみたい。

石川刀子娘の「石川」は「蘇我《そが》」で、文武天皇に嫁いでいた蘇我系の妃だ。彼女は生み落とした子供とともに陰謀によって排除されてしまったのだ。蘇我氏の繁栄は、ここに幕を閉じたのである。

この事件が歴史に重大な意味をなしていたにもかかわらず、これまで注目されてこなかったのは、『続日本紀』が事件を大きく取り扱わなかったこと、事件の真意をみな見落としてきたからである。

そこで、知られざる事件の全貌を、明らかにしておこう。

天武天皇亡き後に始まった敗者の復権工作

さて、天武天皇崩御、大津皇子《おおつのみこ》謀殺の瞬間からいったい何が起きていたのかというと、「敗者の復権工作」とみなせば、分かりやすい。天武朝の間地下に潜っていた近江朝《おうみちよう》の亡霊が、むくむくとゾンビのように頭をもたげ始めたのである。その先頭に立っていたのが、藤原不比等であった。

天智《てんじ》天皇と天武天皇の確執は、「反蘇我派VS.親蘇我派」と焼き直すことが可能だ。蘇我入鹿《いるか》と蘇我本宗家を滅ぼした天智天皇は反蘇我派だ。かたや蘇我氏や蘇我系豪族の後押しを受けて壬申《じんしん》の乱を制した天武天皇は、親蘇我派で改革派だった。だからこそ、律令整備を急いだのだ。

ではなぜ、藤原不比等の父の中臣鎌足《なかとみのかまたり》が天智天皇（中大兄皇子《なかのおおえのみこ》）に加勢したのかといえば、百済《くだら》が衰弱していたにもかかわらず、蘇我氏が積極的に救援しようとしなかったからだろう。ヤマト朝廷の外交政策は、長い間「親伽耶《かや》」「親百済」だったが、その中心に立っていたのは物部氏で、六世紀半ばに伽耶が滅亡し蘇我氏が台頭すると、「全方位形」の外交政策が推し進められていく。百済だけを特別視することはなくなったのだ。日本に人質として預けられていた百済王子豊璋《ほうしょう》（中臣鎌足）は、当然ロビー活動をくり広げ、そんな中、中大兄皇子に目をつけたのだろう。

中大兄皇子が蘇我入鹿暗殺計画に大海人皇子《おおあまのみこ》（天武天皇）を誘わなかったのは、蘇我氏が「大海人皇子推し」だったからだろう。おそらく、あのまま手をこまねいていたら、皇極《こうぎょく》天皇のあとを継いだのは大海人皇子だっただろう。そうすれば、中大兄皇子の即位の芽は消える。豊璋（中臣鎌足）は中大兄皇子をそそのかし、蘇我入鹿暗殺を実行させたと考えられる。

天智天皇と天武天皇の確執をしっかりおさえておかないと、七世紀から八世紀の歴史を見誤る。そして、なぜ天武天皇崩御ののち藤原不比等が必死にもがき、鸕野《うのの》讃良《さらら》（持統天皇）に近づき、復活を目論んだのか、その意味がはっきりとしてくる。

鸕野讃良の息子・草壁皇子は、いまだに隠然たる力を保ち続けていた「石川＝蘇我」の支持を得ていなかった。蘇我氏は乙巳《いっし》の変（六四五）で衰退したという印象が強いが、これはとんでもない話で、天智と天武、そのあとに続く王家の姻戚関係は、「蘇我一色」といっても過言ではなかった。この時代の蘇我氏の潜在能力を、『日本書紀』や『続日本紀』が、意識的に隠蔽しているだけの話だ。これに対し、『万葉集《まんようしゆう》』だけが、「草壁皇子は石川郎女《いしかわのいらつめ》にそっぽを向かれていた」と「隠語」を駆使して記録し、真相を暴露していたのだ。

蘇我氏に見放された草壁皇子は、大海人皇子に蘇我氏を奪われた中大兄皇子の立場とよく似ている。藤原不比等は、鸕野讃良に近づき、「草壁皇子を即位させるには、蘇我系豪族の力を削ぐことです」と、そそのかしたにちがいない。そして、その集大成が、石川刀子娘貶黜事件だった。藤原不比等が孫の首皇子を立太子させるために、蘇我系の妃とその子ら有力な皇位継承候補を陰謀にはめて排除したのである。

藤原不比等は女性をうまく使った

『日本書紀』や『続日本紀』はほとんど無視するが、この時代は、いまだ侮れない力を蓄えていた蘇我（石川）から力を奪い取る闘争の歴史そのものだった。もちろん、暗躍したのは藤原不比等だった。

そこで話を進める前に、藤原不比等の人物像を探り、秘密のベールに隠された行動を追っておく必要がある。

藤原不比等は中臣鎌足の子だが、中臣鎌足ほど有名ではないし、古代史の英雄という印象もない。それはなぜかといえば、『日本書紀』や『続日本紀』にほとんど登場しないからだ。藤原不比等は歴史の黒子だった。姿を消して、実態をのちの世に分からないように仕組んだのである。

ただし、藤原千年の繁栄の基礎を築いたのは、中臣鎌足ではなく、子の藤原不比等である。

壬申の乱の直前、中臣鎌足は大友皇子《おおとものみこ》の即位を熱望していたと『懐風藻《かいふうそう》』は記録する。大友皇子の即位を邪魔する者（大海人皇子であろう）を大悪人と罵っている。それは当然のことで、反蘇我派の皇統が途絶えることは、中臣鎌足にとって死活問題であった。しかし大友皇子は敗れ、藤原不比等は活躍の場を失ったのだった。

では、藤原不比等はどのように復活したのだろう。

すでに触れたように、草壁皇子は石川郎女に袖にされていたと『万葉集』は証言している。『万葉集』編者が「石川郎女」という隠語を用いて、蘇我氏と草壁皇子、大津皇子の関係を語っていたのだ。蘇我系豪族に見放された草壁皇子に即位の芽はなかった。そこで藤原不比等は、鸕野讃良をそそのかし、大津皇子謀殺を計画したのだろう。この図式、中大兄皇子と中臣鎌足の関係にそっくりだ。

もちろん、大津皇子を消し去ることには成功したが、だからといって、草壁皇子を即位させることはできなかった。そこで藤原不比等は次善の策として、鸕野讃良の即位を画策したのだろう。

藤原不比等は、女性をうまく利用する才能があったのではないか。鸕野讃良の「女の嫉妬心」を大いに利用したのがよい例だ。そのことを理解していただくために、ここで藤原不比等の話をいったんやめて、少し鸕野讃良（持統天皇）の人となりについて、話しておかなければならない。

鸕野讃良は息子と孫の即位に固執した。それは、権力欲という男性的な視点では理解できない行動ではなかったか。というのも、鸕野讃良は早く亡くなった同母姉の大田皇女《おおたのひめみこ》に敵愾心《てきがい》を持っていたのではないかと思えるからだ。

とはいっても、一般には「天武と持統はおしどり夫婦」と信じられているから、このような発想は受け入れてもらえないだろう。しかしこれは、『日本書紀』の記事を鵜呑みにしているだけだ。『日本書紀』は夫婦の愛を必要以上に強調している。これが怪しい。

持統称制前紀には、次のようにある。

高天原広野姫天皇《たかまのはらひろのひめのすめらみこと》は、幼名は鸕野讃良皇女で、天智の次女（長女が大田皇女）である。母は遠智娘《おちのいらつめ》（蘇我）だ。天皇（持統）は落ち着き、広い心の持ち主だった。斉明《さいめい》三年（六五七）に大海人皇子に嫁がれ妃となった。帝王（天皇）の娘でありながら、礼を重んじ、慎み深く、母の徳を備えていた。天智元年（六六二）

天武・持統合葬陵（奈良県明日香村）

に草壁皇子を大津宮《おおつのみや》（福岡市）で生んだ。天智十年（六七一）十月に大海人皇子が吉野《よしの》に遁世《とんせい》すると、鸕野讃良もこれに従い、大海人皇子が東国に逃れると、行動をともにした（壬申の乱勝利の立役者のひとりだといっている）。天武二年（六七三）に皇后となられ、終始天皇を助けて天下を治められた。天皇が執務に当たる時は、つねに政《まつり》事《ごと》に助言をし、補佐した……。

『日本書紀』は、天武天皇と鸕野讃良の夫婦愛をくり返し語る。さらに持統太上天皇は崩御すると、天武天皇と同じ墓に葬られたのだった。これは事実だ。どこからどう見ても、二人はおしどり夫婦で、夫の遺志を継承したけなげな妻と、今日でも信じられている。だから、二人の時代を「天武持統朝」と、ひとくくりにしているのだ。

しかし、これほど夫婦愛を強調された例はほかになく、かえって疑念を抱いてしまう。『日本書紀』は、何かをもみ消すために、二人の関係を美化したのではなかったか。

たとえば、『万葉集』は鸕野讃良の夫を偲《しの》ぶ歌をいくつか載せるが、逆はない。天武天皇は他の女性との淡い恋の歌をいくつも載せるが、鸕野讃良に歌を贈った様子がない。本当に歌を贈らなかったのか、あるいは歌はあったのに、採録されていなかったのか、それは定かではない。けれども、「アツアツだった」という『日本書紀』の証言をせせら笑うかのように、『万葉集』編者が天武の鸕野讃良に対する熱い歌を掲載しなかったところに、大きなヒントは隠されている。そうすることで、「二人の本当の関係を、言い当ててほしい」と、願ったとしか思えないのである。

鸕野讃良の行動原理は「妬み」

もし本当に、二人の間に固い愛が育まれていたとしたら、そして本当の信頼関係が構築されていたら、はたして鸕野讃良は、大津皇子を抹殺できただろうか。

これまでは鸕野讃良と天武は相思相愛と信じられてきた。しかし、鸕野讃良は同母姉の子を殺している。その背後に、「嫉妬」はなかっただろうか。すなわち、姉の大田皇女に対する妬みである。

推理は、次のように働く。

鸕野讃良は権力に固執したのではなかったように思えるのだ。けれども、それとは別に強烈な執念を感じる。息子と孫の即位にこだわったのだ。姉の子を殺してまでも、子や孫に皇位を与えようとした。その執念の根源に、「なぜ大田皇女に夫の愛を奪われたのか」という、恨みが隠されていたのではあるまいか。

『日本書紀』は、「大津皇子は天智天皇に寵愛されていた」という、奇妙な記事を載せる。なぜ、天武でなく天智と大津皇子をつなげようとしたのだろう。もちろん、大田皇女も天智天皇の娘で、大津皇子は天智天皇の孫だから、考えられぬことではない。しかし、『日本書紀』があえて大津皇子と天智天皇をつないで見せたところに、かえって不自然さを感じてしまう。忖度《そんたく》するに、大津皇子が天武天皇に寵愛されていたことを隠匿したかったからではあるまいか。

鸕野讃良には蘇我の血が流れている。母親の遠智娘は蘇我倉山田石川麻呂《そがのくらやまだいしかわのまろ》の娘だ。しかしなぜか、鸕野讃良は「反蘇我派」とつながっていく。天武は親蘇我派の政権で、蘇我系豪族に支えられていた。鸕野讃良が天武と本当に愛し合っていて、信頼関係が結ばれていたなら、蘇我系豪族との間にも、親しい関係が構築されていただろうし、『日本書紀』のいうように、草壁皇子の立太子も事実だったかもしれない。しかし、それならあえて大津皇子を殺す必要もないし、蘇我系豪族が大津皇子を無理矢理推すこともなかっただろう。そうではなく鸕野讃良が反蘇我派の藤原不比等らを抜擢《ばってき》していったのは、天武天皇やその取り巻きたちと、信頼関係が構築されていなかった証だろう。

『懐風藻』には、大津皇子が長子だったと記され、『日本書紀』とは矛盾する。これまでの推察通り、実際には大津皇子が皇太子に選ばれていたのなら、なおさらのこと、鸕野讃良は「天武の、自分と大田皇女に対する愛情」を比較したにちがいない。この妬みこそ、鸕野讃良の行動原理になっていったのではなかったか。

藤原不比等が女性の力を借りた深意

あえて話を脱線させて鸕野讃良の心情の裏側を覗こうとしたのは、藤原不比等が鸕野讃良の気持ちをうまく利用して、政権復帰の足がかりにしたのではないかと思えて仕方ないからである。

藤原不比等は、古代日本における女性の地位の高さをよく学んでいて、そればかりか、政局を動かすには、背後から女性の力を借りる必要があることを、十分承知していたのだと思う。

ここでふたたび藤原不比等の話から脱線して、古代の女性の地位について考えてみたい。

まず、信仰という点に関しても、古代日本では、女性が大切にされた。崇《たた》る鬼が、日

神は大自然の猛威と同じで、人びとに災いをもたらす存在だった。崇《たた》る鬼が、日

本人にとっての神の正体だ。そこで人びとは、神をなだめすかすために、女性をあてがった。八岐大蛇《やまたのおろち》退治の神話では、乙女を化け物に差し出していたが（人身御供《ひとみごくう》）、実際の祭祀では、巫女《みこ》が神と性的に結ばれることによって、神をなだめすかすことができると信じられていた。

巫女は恐ろしい神をおとなしくさせ、それどころか、神の力をもらい受け、さらにそれをミウチの男性に「放射」すると考えられていた。こうして、恐ろしい鬼のような神は、人びとに豊穣をもたらすありがたい神に変身するのだ。女性がいなければ、神をおさえることはできない。

この発想は、天武天皇の時代まで継承されていて、伊勢《いせ》の神を祀《まつ》る伊勢斎宮《さいくう》の斎王《さいおう》は、天皇の親族から選ばれた。大津皇子の姉の大伯《おおくの》（大来）皇女《ひめみこ》が、まさに斎王だったのだ。

ちなみに、伊勢の神＝天照大神《あまてらすおおみかみ》は女神と信じられているが、これは『日本書紀』がいっているだけで、実際には「伊勢の神は男」という認識が、長い間「暗黙の了解」として、まかり通っていたようだ。

たとえば、伊勢斎王の元には、夜な夜な伊勢の神が通ってきて、朝になると寝床に蛇のウロコが落ちていたと語り継がれてきたが、「蛇と巫女」といえば、三輪山《みわやま》の大物主神《おおものぬしのかみ》と倭《やまと》迹《と》迹《と》日《び》百《もも》襲《そ》姫命《ひめのみこと》の説話にそっくりそのままだ。つまり、伊勢の神は男性と考えない限り、矛盾することばかりなのだ。

『日本書紀』が「天照大神は女性」と語り出したのは、持統天皇の諡号《しごう》が大倭根《おおやまとね》子《こ》天《あま》之《の》広《ひろ》野《の》日女尊《ひめのみこと》から高天原広野姫天皇にすり替えられたことと、関係している。持統を天照大神に仕立て上げ、「女帝（天照大神）から始まる王家」を観念的に創作することによって、天武の王家を持統の王家にすり替える目的があったのだろう。

　神とつながるのは女性という観念は、仏教公伝（五三八年あるいは五五二年）に際しても、通用していた。仏像を唯一祀ることを許された蘇我氏は、まず女性を得度《とくど》させた。これは、世界常識では考えられないことで、なぜ日本では尼僧がまず仏教に帰依《きえ》したのかといえば、「神を祀ることができるのは女性」という発想があったからだろう。だから斎王や巫女のみならず、古代社会では、皇后やその他の妃たちも、大きな発言力を有していた。

　特に天皇家の場合、生まれ落ちた子が即位すれば、母親の実家（ミウチ）が、強大な発言力を持つに至った。『ヤマト王権と古代史十大事件』でお話ししたように、ヤマト建国は強大な王による征服戦ではなく、祭司王が担ぎ上げられ、もっとも力を持った豪族が王家に女性を入内《じゅだい》させ、彼らが実権を握った。この伝統は「外戚《がいせき》」の形で残り、蘇我氏全盛期、まさに彼らは外戚になることによって、主導権を握った。藤原不比等も、この日本的な「外戚」のシステムを活用したのである。

そして、そのためにまず手がけたのが、後宮《こうきゅう》（江戸時代の大奥と考えればよい）に多大な影響力を持つ女人を手に入れることだった。犠牲になったのは県犬養三《あがたいぬかいのみ》千代《ちよ》である。

県犬養三千代は悪女

石川刀子娘貶黜事件を語るために、寄り道ばかりしている。けれども、もう少し辛抱してほしい。

ここで確かめておかなければならないのは、県犬養三千代のことである。

結論を先にいってしまえば、藤原不比等は、親蘇我派の県犬養三千代を手込めにし、脅し、藤原氏のために働かせたのだ。そして、県犬養三千代の活躍によって、藤原氏千年の礎は築かれた。ただし、女性の恨みは、歴史に大きな禍根を残している。大津皇子謀殺から始まった歴史の大きな流れは、県犬養三千代を経て、天皇家のありかたをも、大きく変えていってしまったのである。

何をいわんとしているか、ひとつずつ説明していこう。

県犬養三千代は、藤原不比等に嫁ぐ以前、美努王《みののおおきみ》（三野王）と結ばれていた。長子・葛城王《かつらぎ》（のちの橘諸兄《たちばなのもろえ》）が天武十三年（六八四）に生まれている。

美努王は、壬申の乱（六七二）に際し体を張って大海人皇子に加勢した栗隈王《くりくまのおおきみ》の子だ。当然のことながら、美努王は天武朝で重用され、県犬養三千代も後宮で才覚を現した。

ではなぜ、県犬養三千代は藤原不比等に嫁ぐことになったのだろう。

これよりも少し前、二人は結ばれたようだ。美努王は、持統八年（六九四）九月二十二日、筑紫大宰率《つくしだざいのそつ》に任ぜられ赴任している。また、藤原不比等と県犬養三千代の間の娘・安宿媛《あすかべひめ》（光明子）の生年は大宝元年（七〇一）だ。すると、都に残った県犬養三千代を、藤原不比等が寝取っていたことになる。これは略奪なのか、あるいは同意の上での事態だったのだろうか。

義江明子は、『県犬養橘三千代』（吉川弘文館）の中で、県犬養三千代は美努王と藤原不比等を天秤にかけ、才能のある藤原不比等を選んだのだろうと指摘しているが、本当だろうか。また、県犬養三千代を「やり手」「したたかな女」「悪女」と捉える考えもある（杉本苑子『歴史を彩る女たち』新塔社）。

たしかに、こののち県犬養三千代は藤原氏繁栄のための裏工作を展開していったようだ。その最大の成果が、石川刀子娘貶黜事件であり、この事件の真相を知るために藤原不比等と周辺の人脈にスポットを当ててきたのは、石川刀子娘貶黜事件が、女性同士の暗闘でもあったからだ。

『続日本紀』文武元年（六九七）八月二十日条には、文武天皇のキサキの名が挙がっている。藤原不比等の娘・宮子《みやこ》を「夫人《ぶにん》」に、紀竈門娘《きのかまどのいらつめ》と石川刀子娘を「妃」にする、と記される。実際には、大宝律令（七〇一）の完成以前で、このような身分規定は整っていなかったことから、三人とも豪族（貴族）出身の女性で、立場に差はなかったのではないかと考えられている。

ただし、それぞれの女性を後押しする貴族たちの社会的地位に差があった。あとから見るから藤原氏を高く見がちだが、この時代、いまだに「蘇我の権威」は衰えていなかったのである。

たとえば、同時代を彩る女帝たちの系譜を辿《たど》っていけば、みな「蘇我」につながっている。だから、文武天皇のキサキの中で、筆頭の位置に立っていたのは、石川刀子娘と考えられる。そして、もし石川刀子娘に男子が生まれていたなら、その子が有力な皇位継承候補だっただろう。

藤原不比等は、この蘇我系の妃が邪魔になって排除しようと考え、県犬養三千代を利用したようだ。

このようないきさつが分かったところで、いよいよ石川刀子娘貶黜事件の意味が明らかになる。そこでようやく、事件の経過を追っていくことができる。

石川刀子娘貶黜事件の真相

和銅六年（七一三）十一月五日というから、文武天皇は六年前に崩御し、母親の元明天皇が即位していた。ここで、事件が起きる。『続日本紀』に、短い記事が載る。石川と紀の嬪《ひん》は、以後「嬪」を称することはできないと命じられた。これを貶黜（官位などを下げて斥《しりぞ》けること）という。

「元夫婦であったことを名乗ってくれるな」

と申し渡してきたわけである。

なぜ二人は、こんな処分を受けてしまったのだろう。『続日本紀』の記事からは、よく分からない。

皇妃が貶黜される主な原因は、（1）近親者の謀反、（2）密通、（3）厭魅呪詛《えんみじゆそ》の類であった。角田文衛は『律令国家の展開』（法蔵館）の中で、この事件で当てはまるのは、（2）か（3）と指摘する。ただ、このような事件は、ほとんどの場合、陰謀だったともいっている。二人のキサキが同時に密通したり厭魅呪詛していたとは思えない。やはりこれは、藤原不比等の娘の宮子のライバルを蹴落とそうとする謀略としか考えられないのである。

そこで『新撰姓氏録《しんせんしようじろく》』に注目してみよう。『続日本紀』はまったく記録していないが、石川刀子娘は、二人の皇子を生んでいたようなのだ。

『新撰姓氏録』（右京皇別《うきようこうべつ》下。「皇別」とは、皇族を祖に持つ氏族のこと。すなわち、ここに登場してくる者たちは、天皇の末裔ということになる）には、「高円朝臣《たかまどのあそん》」なる一族が登場し、正六位上高円朝臣広世《ひろよ》から出る、とあり、もとは母の氏を採って「石川朝臣」を名乗っていたとある。

皇別諸氏には必ず「〇〇天皇の子」「〇〇王の後也」と説明がつくのに、高円朝臣に限って、省略されている。これは不可解なこと。一方『続日本紀』には、天《てん》平宝《ぴょうほう》字《じ》四年（七六〇）二月十一日条に、石川朝臣広成《ひろなり》が高円朝臣の姓を下賜《かし》されたとあり、広世と広成は同時代人で、兄弟と考えられる。

『新撰姓氏録』のいうような、「母が石川」で皇籍を離れた者は、文武天皇の嬪・石川刀子娘だけで、広世と広成は、文武天皇の皇子だったことが分かる。

ならば、なぜ『続日本紀』は大切な皇子の名を掲げなかったのだろう。それは、石川刀子娘貶黜事件の最大の目的が、石川刀子娘の二人の皇子を排斥するためだったからだろう。最有力皇位継承候補の二人が、皇籍剥奪《はくだつ》されたわけである。

この事件、仕掛けたのは藤原不比等であろう。藤原不比等は、文武天皇と娘の宮子の間に生まれた首皇子（聖武天皇）の即位を願っていたのだ。実現すれば、藤原氏が天皇家の外戚になれる。聖武天皇即位前紀には、和銅七年（七一四）六月、首皇子が立太子していたことが記されている。つまり、一連の事件の直後に首皇子は立太子したのである。

もちろん、藤原不比等ひとりの力では、後宮の人事を自由に操ることはできなかった。この事件の影の功労者は県犬養三千代とする説が根強い。たとえば角田文衛は、『律令国家の展開』の中で、県犬養三千代を権謀術数《けんぼうじゅっすう》に長《た》けた女性という。そして、未亡人・石川刀子娘の悪い噂を、元明天皇に吹き込んだと推理した。貞節を重んじ不貞をヒステリックに憎む元明を揺り動かしたのではないか、というのである。

元明天皇は、文武天皇の死を誰よりも嘆いた人物だった。息子の嫁の不祥事を聞けば、激怒したに違いない。

角田文衛はさらに憶測を進め、藤原不比等や県犬養三千代は、逆に天皇を諫《いさ》め、石川刀子娘を廃黜にしようとするところを、貶黜という軽い処罰に留めさせたのではないかとする。それはなぜかといえば、

この取りなしによって、彼らは彼ら二人に対する石川・紀両氏を初め旧豪族たち

の誹《そし》り──陰謀者としての──を巧みに外らすことが出来たからである（前掲書）

卓見といわざるを得ない。その通りであろう。

こうして見てくると、天武↓持統↓文武↓聖武と続いた天武の王家の皇位継承は、すんなり、スムーズに進んだかのように見えるが、実際には、藤原不比等の暗闘、陰謀、謀殺がなければ、成り立たなかったことがはっきりとする。そして、文武天皇から聖武天皇に続く皇位継承で、大活躍をしたのが県犬養三千代だったことも、了解していただけるだろう。

そして、ここが大切なところだが、石川刀子娘貶黜事件によって、蘇我氏の繁栄は完璧に幕を下ろしたのだった。外戚の地位を追われ、藤原氏のひとり勝ちを許すことになるのである。

第四章 長屋王の変

謀反発覚

日本人を奈落の底に突き落とした事件が、古代にはいくつも起きていた。悔やんでも悔やみきれない事件が目白押しだ。そしてこれらの事件は、ことごとく『日本書紀《にほんしょき》』によって真相を闇に葬られてしまっている。

乙巳《いっし》の変《へん》（六四五）の蘇我入鹿《そがのいるか》暗殺、持統《じとう》十年（六九六）の高市皇子《たけちのみこ》の死と珂瑠《かるの》（軽）皇子《みこ》立太子、和銅《わどう》六年（七一三）に勃発した石川刀子娘《いしかわのとねのいらつめ》貶黜《へんちゅつ》事件は、これまで語ってきた通りだ。そして、最大の痛恨事は、長屋王《ながやのおおきみ》の変（七二九）である。

長屋王は高市皇子の子で、藤原不比等《ふじわらのふひと》の死後右大臣に昇り、藤原不比等の四人の男子（武智麻呂《むちまろ》、房前《ふささき》、宇合《うまかい》、麻呂《まろ》）が台頭する中、反藤原派の皇族として奮闘し、藤原四兄弟の魔の手にかかって、一家とともに滅亡するのである。

長屋王一家の滅亡は、藤原氏のひとり勝ちを許すきっかけになった事件であるとともに、「天皇のありかた」を大きく変えてしまったのだ。詳細はのちに触れるが、暴走する天皇がこのあと次々と現れるのは、長屋王の主張が認められず、長屋王の言動を邪魔に思った藤原氏が、陰謀によって長屋王を葬り去ったからにほかならない。

そこで、長屋王の変の真相を、明らかにしていこう。まずは、事件の二日間を、『続日本紀《しょくにほんぎ》』の記事から再現してみよう。

天平《てんぴょう》元年（七二九）二月十日、左京の人従七位下漆部造《ぬりべのみやつこ》君足《きみたり》と無位中臣宮処《なかとみのみやこの》連《むらじ》東人《あずまひと》らが密告して次のように述べた。

「左大臣正二位長屋王は、ひそかに左道《さどう》を学び国家を傾けようとしています」

その夜、使いを遣わし、伊勢《いせ》国鈴鹿《すずか》（三重県亀山市）・美濃《みの》国不破《ふわ》（関ヶ原）・愛発《あらち》（福井県敦賀市南部の旧愛発村と滋賀県高島市マキノ町との境にある有乳山《あらちやま》付近）を守らせ（三関固守《さんげんこしゅ》）、式部卿従三位藤原朝臣《あそみ》宇合ら六衛府（天皇や宮中を警護する近衛府などの役所）の兵を差し向け長屋王の邸宅を囲んだ。十一日、舎人親王《とねりしんのう》、新《にい》田部《たべ》親王、多治比真人池守《たじひのまひといけもり》、藤原朝臣武智麻呂、小野《おの》朝臣牛養《うしかい》、巨勢《こせ》朝臣宿奈麻呂《すくなまろ》らを遣わして、長屋王の邸宅でその罪を窮問させた。十二日、王に自尽《じじん》（自害）させた。室《しつ》（キサキ）の吉備内親王《きびのないしんのう》と子の膳夫《かしわで》王、桑田《くわた》王、葛木《かつらぎ》王、鉤取《かぎとり》王らも同じく、自ら首をくくった。家中（家政機関）の人たちを捕らえて、左右の衛士《えじ》と兵衛らの役所に監禁した。十三日、使いを遣わして、長屋王と吉備内親王の屍《しかばね》を生馬山《いこまやま》(生駒山。奈良県生駒郡平群《へぐり》町梨本)に葬らした。そして、勅《みことのり》して次のように告げた。

「吉備内親王に罪はない。前例に従って葬送するべし。ただ鼓吹(鳴り物)は行わないように。その家令《けりょう》と帳内《ちょうない》(家政に従事する職員)らはみな放免しなさい。長屋王は罪人だから、誅《ちゅう》に伏す。ただ、罪人になぞらえるといっても(高貴な人間ゆえ)、葬儀はいやしくすることなかれ」

基皇子の死がきっかけだった

『続日本紀』にはこのあと、長屋王が天武《てんむ》天皇の孫で高市親王の子であること、吉備内親王は草壁皇子《くさかべのみこ》の娘だと伝え、さらに十五日の勅を続ける。

「左大臣正二位長屋王は、むごくねじれた人柄で、そのいつわり(悪事)を尽くしてよこしまなことを行い、あらい法の網に引っかかった。そこで奸党を除去し、賊悪を除き滅ぼそうと思う。国司は一味を取り逃してはならない」

これが、長屋王の変の一部始終だ。一家以外で連座したのは、外従五位下上毛《かみつけ》野《の》朝臣宿奈麻呂ら七人で、長屋王と親しくしていた罪でみな流された。その他の者はみな許された。長屋王の弟の鈴鹿王も許され、禄も配給されることになった。さらに、密告者には異例の昇格があった。

ところで、長屋王が無実の罪で葬り去られてしまったことは、『続日本紀』が認めている。

事件から九年後の天平十年（七三八）七月十日、大伴宿禰子虫《おおとものすくねこむし》が刀で中臣宮処連東人を斬り殺した。大伴宿禰子虫は長屋王に仕えて、すこぶる恩遇を蒙った。ここに至り、たまたま中臣宮処連東人と隣の官司に勤めることになった。仕事の合間に二人で碁を打っていたが、話題が長屋王におよんだ時、子虫は怒り、東人を罵り、ついに斬り殺してしまった。

この場面で『続日本紀』は、「東人は長屋王のことを誣告《ぶこく》した人だ」と明記する。「誣告」とは、嘘の報告をすることで、正史が長屋王の冤罪《えんざい》を認めていたのである。

ただ、ここで大きな謎に気付かされる。下級役人の密告によって長屋王一族は、なぜ滅亡に追い込まれたのだった。その報告が「嘘だった」と判っていたのなら、なぜ誣告した者たちは罰せられなかったのだろう……。

答えは簡単なことで、中臣宮処連東人らは、使いっ走りに過ぎず、主犯は別にいたからだ。それが、藤原四兄弟である。

ではなぜ、長屋王の一家は、滅亡に追い込まれてしまったのだろう。

直接のきっかけは、基皇子《もといのみこ》の早すぎる死だった。

神亀《じんき》四年（七二七）閏九月二十九日、聖武《しょうむ》天皇と光明子《こうみょうし》の間に基皇子が生まれ、生後間もなく、異例の形で立太子をすませてしまった。けれども、翌年の九月十三日に、基皇子は亡くなってしまう。聖武天皇は悲しみのあまり、三日間政務が手につかなかった……。十一月三日、基皇子を追悼するために、山房（金鐘寺《こんしゆじ》）を築かせた。そして、この三ヶ月後に、長屋王の謀反が起きている。

密告者は「長屋王は左道を学んでいる」といい、「左道」に深い意味はなかった。「よこしまな考え」を指しているが、「呪術《じゆじゆつ》」「厭魅《えんみ》」の匂いが隠されている。藤原四兄弟は、「基皇子の早すぎる死」を、長屋王の厭魅呪詛だったと、聖武天皇に耳打ちしたのではなかったか。一家もろとも抹殺するべきだという意見を、聖武天皇はすんなり受け入れただろう。

平城京遷都の歴史

長屋王断罪の最終決断をしたのは聖武天皇だが、問題は、なぜ長屋王ははめられたのか、ということである。

長屋王の悲劇の意味を知るためには、唐突な話だが律令《りつりょう》の歴史を知っておく必要がある。律令制度の欠陥をめぐって、長屋王は争い、敗れた。蘇我《そが》氏らが完成を急いだ律令制度ではない。蘇我氏の業績を横取りした藤原氏の律令の欠陥である。

そこで、長屋王の変に至るおおまかな歴史をふり返ってみよう。特にここでは、藤原不比等の出世の様子を中心に、概観《がいかん》してみよう。奈良盆地南部の藤原京から、北部の平城京《へいじょうきょう》に遷っていく時代で、飛鳥時代から奈良時代への移行期だ。

大宝《たいほう》元年（七〇一）、大宝律令が施行された。律令制度がここに、完成したのだ。この年藤原不比等は大納言《だいなごん》に、慶雲《けいうん》元年（七〇四）には石上《いそのかみ》（物部《もののべ》）麻呂《まろ》が右大臣、和銅元年（七〇八）には石上麻呂が左大臣、藤原不比等が右大臣に出世し、旧豪族が復権していた。ただし、和銅三年（七一〇）に平城京遷都が敢行された際、石上

復原された平城京の朱雀門（奈良市）

麻呂は旧都（藤原京）の留守居役に任ぜられ、実質的に失脚している。藤原不比等の陰謀にほかなるまい。この時点で、藤原不比等はほぼ権力を手中にしていたと思われる。

ちなみに、なぜか藤原不比等は、左大臣に昇進していない。左大臣不在の右大臣の立場で、朝堂に君臨していた。おそらく、「渡来系豪族は高級官僚になることはできない」という不文律があったから、あえて右大臣の地位におさまり名を捨て実をとったのだろう。

その一方で藤原不比等は、平城京の東側の高台を我が物にした。これが外京《げきよう》で、宮城を見下ろす一等地だ。現在のJ

R奈良駅から近鉄奈良駅を通りすぎ、興福寺《こうふくじ》に至る一帯で、一番地の利がよかったから、現代に至っても繁栄している。平城京の支配者が本当は誰なのか、藤原不比等は外京を獲得することで世に知らしめたわけである。

ついでにいっておくと、なぜ都が盆地南部から北部に移動したのかといえば、最大の原因は、飛鳥周辺が蘇我氏の地盤であり、政敵のテリトリーから距離を置きたかったからだろう。

藤原氏は外京を獲得したことによって、平城京を「藤原氏のための都」にすることに成功した。であるならば、平城京にそのまま居座ればよかったのに、なぜか八世紀末には、そそくさと山背《やましろ》（長岡《ながおか》京と平安京）に引っ越ししていく。「山背の方が交通の便がよかったのだ」とする説もあるが、それよりも大きな理由があったと思う。それは、「藤原氏がヤマト全体を敵に回してしまったから」だと思う。藤原の都＝平城京では、反藤原派の強い抵抗運動が始まり、藤原氏はありとあらゆる手段を用い、政敵を粛清していく。そして、憎まれ、恨まれた藤原氏は、祟《たた》りが恐ろしくて平城京に住んでいられなくなったのだ。

それはともかく、当面の敵を追い落とした藤原不比等だったが、『日本書紀』が編纂された養老《ようろう》四年（七二〇）に没する。そして翌年、長屋王が右大臣に任命されたのだ。

右大臣は朝堂のNo.2だが、左大臣不在だったから、ここで長屋王はトップに立ってしまったわけだ。藤原不比等の四人の遺児（武智麻呂、房前、宇合、麻呂）は、危機感を募らせたにちがいないし、実力をつけた藤原房前が中心となって、長屋王を追い詰めていくのだ。このあと触れるように、藤原房前が就任する内臣《うちつおみ》は、禁じ手であって、なりふり構わず、卑怯な手口を駆使していく。神亀元年（七二四）に長屋王は左大臣に昇りつめるが、この間も、主導権を握り続けていたのは藤原房前の側であった。これに対し反藤原派は、当然のことながら長屋王を唯一の拠り所と思い、盛り立てようとしていたのだ。

長屋王の変が勃発する天平元年（七二九）まで、藤原四兄弟と長屋王は、壮絶な闘争をくり広げていくのである。

藤原氏繁栄のための千年に一度のチャンス

長屋王はどのように追い詰められていったのだろう。なぜ、藤原四兄弟は、一家滅亡という容赦ない処置を執ったのだろう。

事情を理解するために、まず知っておかなければならないのは、藤原不比等や藤原氏と律令制度の話だ。気にくわなければ皇族でさえも邪魔にして滅亡に追い込むほどの力を、藤原氏は手に入れていく。その力の源泉はどこに隠されていたのだろう。ヒントは、藤原不比等が律令制度を整えていったその過程にあったように思えてくるのである。

これまで述べてきたように、かつて大悪人と信じられていた蘇我氏は、実際には改革派だった。逆に中大兄皇子《なかのおおえのみこ》と中臣鎌足《なかとみのかまたり》は反蘇我派であり、改革に積極的だったわけではない。むしろ改革を潰す側にまわっていた。ところが天武天皇崩御ののち藤原不比等は、なぜか律令を整備する役人となって律令整備に奔走していくのである。

いったい藤原不比等は何を考えていたのだろう。

藤原不比等の父親の中臣鎌足は、中大兄皇子の嫉妬心と権力欲を焚きつけ、蘇我入鹿暗殺を成し遂げ、さらにヤマト政権を百済《くだら》救援に向かわせることに成功している。白村江《はくすきのえ》の戦いは敗れたが、中大兄皇子を皇位につけることによって、隠然たる力を獲得していた。しかし、中臣鎌足が死に、天智《てんじ》天皇が崩御したあと壬申《じんしん》の乱が勃発し、中臣鎌足が築いてきた地位を、藤原不比等が継ぐことはできなかった。

中臣鎌足が大友皇子《おおとものみこ》の即位を願っていたのは当然のことだった。乙巳の変の目的のひとつは大海人皇子《おおあまのみこ》の即位を阻止することだったのだから、大海人皇子が天下を取れば、中臣鎌足の末裔の居場所はなくなってしまう。事実、天智天皇を取りまく反蘇我派は、天武朝でほとんど活躍していない。

ところが、天武天皇崩御《ほうぎょ》ののち、藤原不比等は中臣鎌足が中大兄皇子を見出したように、鸕野讃良《うののさらら》という格好のターゲットを見つけたのだ。

鸕野讃良が皇位を継承するには、「天武天皇の遺志を継承すること」、あるいは「夫の遺業を継ぐふりをすること」が絶対条件で、その遺業とは、もちろん律令整備である。

ならば、藤原不比等は「しぶしぶ」律令を整え始めたのだろうか。そうではあるまい。律令体制への移行期こそ、藤原氏が繁栄を勝ち取るための、千年に一度のチャンスだったのである。

藤原氏は百済王家の末裔だから、白村江の戦いで、一切を失った。壬申の乱にも敗北し、姿をくらました。彼らが復活できたのは、鸕野讃良をうまく利用したからだ。

『日本書紀』は天武天皇存命中から鸕野讃良が主導権を握り続けていたかのように記録するが、すでに述べたように、鸕野讃良が蘇我系豪族たちとの間に信頼関係を構築していたのなら、大津皇子《おおつのみこ》を滅ぼす必要はなかったし、藤原不比等を頼ることもなかっただろう。弱り果てて孤立していた鸕野讃良だからこそ、藤原不比等は、乾坤一擲《けんこんいってき》の賭けに出たのだろう。鸕野讃良の野望を成就できれば、藤原不比等も朝廷内で地位を確保できると踏んだにちがいないのである。

けれども、藤原氏の弱点は、土地と民を有していないことだった。他の豪族たちは、広大な領土と民を支配していた。それが発言力の源泉であった。これに対抗することは、まず不可能だ。

ではどうすればよいのか……。律令が整えば、原則として、旧豪族たちは土地と民を手放さなければならなくなる。そして、天皇の下す人事と俸禄を受け取る。地位の世襲も原則として、認められない（藤原氏は途中から蔭位制《おんいせい》に守られていくが）。

とすれば、みな同じスタートラインに立ち、競争をしていかなければならない。この点、藤原氏のハンディは、ある程度取り払われることになる。しかも、藤原不比等は、律令を作る側にまわった。法は、法の文言が完成したら、それですべてが回り出すわけではない。たとえば罪を犯した者が、法の網に引っかかるのか、その罰の大きさはどのくらいなのか、法を解釈しなければならない。とすれば、法を支配する者が、恐れられるようになるのだった。ここに、藤原不比等が急成長した秘密が隠されている。

藤原氏繁栄の第一歩は、蘇我氏らが必死になって構築を目指してきた律令制度を整え、律令（法）を支配したことであった。あまりにも皮肉な図式である。

内臣という禁じ手

藤原氏と律令のつながりが分かったところで、いよいよ長屋王の話にもどる。

文武《もんむ》天皇崩御ののち、石川刀子娘貶黜事件によって、天皇のまわりから蘇我系の血と影響力をきれいに排除した藤原氏は、元明《げんめい》、元正《げんしょう》と二人の女帝を挟み、ようやくの思いで「藤原の子＝首皇子《おびとのみこ》（聖武天皇）」の即位を成し遂げることができた。藤原不比等の死後藤原不比等の孫が天皇になり、藤原氏は外戚の地位を初めて獲得したのである。

こうして、盤石な体制は築かれたはずだった。ところが、聖武天皇と光明子の間に生まれた男子・基皇子が急逝してしまったことで、歯車が狂ってしまった。聖武天皇と県犬養広刀自《あがたいぬかいのひろとじ》の間に、安積《あさか》親王が生まれていたから、光明子が新たに男子を生まなければ、皇位をさらわれる危険が出てきたのだ。

問題は長屋王にも、即位の可能性があったことだ。それだけならまだしも、吉備内親王も、血統という点では申し分なく（天皇家と蘇我の濃厚な血だ）、長屋王と吉備内親王の間に生まれた御子たちも、当然皇位継承候補として浮上してくる。反藤原派がこれらの御子を担ぐことも可能だった。だから、長屋王ひとりではなく、家族を殲滅《せんめつ》する必要があったのだ。

藤原氏にとって脅威だったのは、長屋王が、右大臣左大臣と出世街道を順調に昇っていったことだった。もちろん、手をこまねいていたわけではない。

養老四年（七二〇）八月、藤原不比等が死ぬと、霊亀《れいき》元年（七一五）に穂積《ほづみ》親王が亡くなって以来空席となっていた知太政官事《ちだいじょうかんじ》に舎人親王を任命した。藤原氏のいいなりになる人物で、時代に逆行し、皇親政治が強化される形となった。すなわち、長屋王を牽制する目的があったのだろう。

ところで、戦後の史学界は、「天皇は大昔から強大な権力を握っていた」という大前提を掲げて古代史を解釈してきた。それはなぜかといえば、唯物史観全盛期、多くの史学者は戦前の「天皇制」を否定し、天皇そのものをなくすべきだと密かに思い続けたからだ。「歴史的に天皇は権力者だった」という歴史観を根拠に、「天皇はなくすべきだ」という結論を導き出そうと考えていた。だから、「皇親政治」は、天皇が強大な権力を握っていた証拠とみなし、奈良時代に至って藤原氏ら貴族層と綱引きをした、という考えに立っているのである。

しかし、これまで述べてきたように、皇親政治は単純な天皇の独裁ではないし、律令制度完成までの暫定的な処置であった。そこで知太政官事のことが気になってくる。

知太政官事が太政大臣のように太政官に君臨するような強大な権力を与えられたかというと、じつに心許ない。待遇は左右大臣の下に置かれているため、一種の名誉職といった方が正確だと思われる。
また知太政官事を設置したのは皇親政治側で、貴族勢力を掣肘《せいちゆう》（干渉）する目的があったとする説が根強いが、実際には、藤原氏が長屋王を牽制する目的で復活させたのだろう。この人事がすんでから、長屋王は右大臣に昇っている。藤原氏は、周到に準備を進めた上で、長屋王を昇進させたわけである。
そして養老五年（七二一）には、一介の参議に過ぎなかった藤原房前が「内臣」に任命された。律令の規定にない臨時職で、これが禁じ手だった。元正天皇は、詔《みことのり》の中で、次のように述べている。

家に憂いがあれば、それが大事であっても小事であっても油断ができない。だから藤原房前は内臣となって内廷と外廷にわたってはかりごとをめぐらし、天皇の命令と同等の重みを持ったその言葉で天皇の政務を助け、長く国家を安定させるように。

律令の規定にない臨時職なのに、「天皇と同等の重み」を持つというのだから、人を喰った話だ。順番を追って出世してきた長屋王の権力を、詔ひとつであっさり奪い取ってしまったのである。

皇親政治を利用したのは藤原氏だった

聖武天皇が即位した直後の神亀元年（七二四）二月六日。些細だが、のちに重大な意味を持ってくる事件が勃発している。次の勅に、長屋王が異を唱えたのだ。

勅《みことのり》して正一位藤原夫人《ふぢはらのぶにん》を尊《たふと》びて大夫人《だいぶにん》と称《まう》す。

ここに登場する藤原夫人は、藤原不比等の娘で聖武天皇の母・宮子《みやこ》を指している。宮子に「大夫人」の尊称を与えるというたわいもない勅だ。ところが三月二十二日、左大臣長屋王たちが、次のように指摘した。

藤原夫人を大夫人と呼ぶようにとあったが、つつしんで法（公式令《くしきりょう》）を見ると、天皇の母の称号には皇太后、皇太妃、皇太夫人の三つがあって、上から順に、皇后、皇族出身の妃、豪族出身の夫人を指して呼んでいる。これに照らし合わせれば、藤原夫人は皇太夫人と呼ぶべきで、勅に従えば〝皇〟の字が欠け、逆に法に従えば、大夫人と称すこと自体が違法になってしまいます。われわれはいったい、勅（天皇の命令）と法のどちらを守ればよいのか、ご指示を仰ぎたい。

これが正論だったために、「文書で記す時は皇太夫人とし、呼ぶ時は大御祖《おおみおや》とするように」と勅は訂正されたのである。

いったいこの場面、何が起きていたのだろう。

こういう説がある。光明子を皇后位に引き上げようと藤原氏は目論んでいて、その小手調べに、例の勅を用意したのではないかという。光明子が皇后位につけば、生まれ出てくる子の立太子に有利だ。

皇后に立てるのは皇族出身の女性という不文律があった。そして、ここが微妙なところなのだが、律令には皇后位に関する規定が明記されていなかったのだ。後宮職員令《こうきゅうしきいんりょう》には、キサキにまつわる細かな規定があった。下位から順番に、「嬪《ひん》」

は四人で五位以上、「夫人」は三人で三位以上、「妃」は二人で資格は四品《しほん》以上だ。この四品の「品」は、親王や内親王ら天皇の子に与えられる位階だから、「后（皇后）」はさらにその上に位置するわけで、当然皇族に限られるということになる。ただし、「后」に対する規定が、明記されていない。藤原不比等が、律令に抜け穴を用意しておいたのではないかと勘ぐりたくなってくる。

いずれにせよ、藤原氏は光明子を皇后位に押し立てようと企て、長屋王の死後、実際にごり押しして成功している。

ただし、長屋王がムキになって「宮子に大夫人の尊称を与える」という勅の些細な矛盾を指摘したのは、「光明子を皇后位にしようという藤原氏の野望を砕くため」ではなく、もっと重大な意味が込められていたように思う。

長屋王が右大臣に昇る直前、藤原氏は知太政官事を復活させただけではなく、藤原房前を内臣に任命するという「天皇の人事、命令」を勝ち得ている。律令の規定にない臨時職を創作して藤原氏がこれに就任し、「天皇の命令」でごり押ししてくるやり方に、長屋王は危機感を抱いたのだろう。

通説は、「長屋王は皇親政治体制を守るために、貴族層と対立した」と説明し、藤原氏を中心とする貴族層が「天皇権力を剝《は》がすための闘争をくり広げた」と解釈するが、これは大きな誤りだ。

長屋王が本当にいいたかったのは、「律令制度が整った以上、一刻も早く皇親政治体制をやめるべきだ」と主張していたのだろう。天武天皇は、律令整備のための暫定的な独裁体制を敷いた。そして、律令が完成したあかつきには、権力を太政官にもどすつもりだっただろう。だから、律令の規定の中で、天皇は太政官からあげられてきた案件を追認する存在となり、天皇御璽《ぎょじ》も太政官が管理するようになったのだ。

ところが藤原氏は、律令の規定をそのまま当てはめただけでは政争に敗れてしまうという時、「天皇の命令」を引き出した。それが禁じ手であろうと、「超法規的な天皇の存在」を、悪用したのだ。そのもっとも分かりやすい例が、「内臣」であり、また、「皇親政治」の名残を有効活用した。

長屋王が述べた、「律令と天皇の命令のどちらにわれわれは従えばよいのでしょう」という言葉こそ、藤原氏の手口に対する鉄槌《てっつい》だったのである。

しかし、藤原四兄弟は長屋王の提言に一度従ったふりをして、長屋王の一家を滅亡に追い込んだ。そして律令を支配し、さらに「天皇の命令」という打出《うちで》の小槌《こづち》を使い分け、政敵を圧倒していったのである。

長屋王の敗北によって、藤原氏だけが富み栄える時代が到来したのである。律令と天皇を支配した藤原氏に、もはや恐ろしいものはなかった……。藤原四兄弟は、朝堂を牛耳り、わが世の春を謳歌していったのである。

ただし、歴史とは皮肉なもので、この直後、藤原氏は奈落の底に突き落とされる。その様子は、次節でじっくりと眺めていこう。

第五章 大仏殿造立事件

聖武天皇の存在そのものが事件だった

東大寺《とうだいじ》造立が、なぜ十大事件に入っているのか、不思議に思われよう。しかし大仏造立を発願した聖武《しょうむ》天皇は、存在そのものが、事件であった。

聖武天皇は藤原不比等《ふじわらのふひと》の孫で、「藤原の子」として純粋培養された。そしてよく期待に応えた。ところが、ある時期を境に暴走し、藤原のコントロールが利かなくなってしまうのだ。そしてあろうことか、そして同じく不比等の孫（武智麻呂《むちまろ》の子）である藤原仲麻呂《ふじわらのなかまろ》（恵美押勝《えみのおしかつ》）と死闘を演じていくのである。

いったい、「藤原の子」で藤原に囲まれていた聖武天皇が、なぜ藤原氏と対峙していくことになるのだろう。

きっかけは、藤原四兄弟（武智麻呂、房前《ふささき》、宇合《うまかい》、麻呂《まろ》）の滅亡だった。天平《てんぴょう》九年（七三七）衢《ちまた》で天然痘《てんねんとう》が大流行し、四人の兄弟もあっという間に呑み込まれ、絶頂に立っていた華麗なる一族が、蒸発するように消えたのだ。権力の空白が生まれ、橘諸兄《たちばなのもろえ》、玄昉《げんぼう》、吉備真備《きびのまきび》らの反藤原派が一気に台頭した。そして聖武天皇の様子が、次第におかしくなっていく。

天平十二年（七四〇）八月、九州大宰府《だざいふ》の藤原広嗣《ひろつぐ》（宇合の子）は、玄昉や吉備真備を排斥するように陳情したが却下され、反乱を起こしていた。するとこの時、聖武天皇は何を考えたのか、関東行幸《ぎょうこう》に出発してしまう。

「時期が悪いとはいえ、やむを得ない。九州で奮戦している将軍は、この報に接しても怪しまないように」

こう言い残して、伊賀《いが》、伊勢《いせ》、美濃《みの》、不破《ふわ》（関ケ原）、近江《おうみ》を巡り、山背国《やましろのくに》の恭《く》仁京《にきょう》（京都府木津川市）に入り、ここを都にした。このあとしばらく彷徨《ほうこう》し、平城《へいじょう》京に戻るのは天平十七年（七四五）のことだった。この間、盧舎那仏《るしゃなぶつ》（大仏）造立に邁進《まいしん》するも、度重なる山火事などで、人びとは疲弊してしまった。また、聖武の唯一の男子・安積《あさか》親王を失ってしまったのである。

一説に、反藤原派が台頭して、聖武天皇は後ろ盾を失い、ノイローゼになったのではないかという。あるいは、新たな権力者の登場によって、長いものに巻かれたのだろうと指摘されてもいる。

しかし、たとえば大仏発願の詔《みことのり》を読む限り、弱々しさは感じない。むしろ、堂々と胸を張っている。「天下の富と権力は自分にある。この富と権力をもって尊い像（大仏）を造立する」というのだ。なんと尊大な言葉であることか。

これから述べていくように、この強気の姿勢は、藤原氏に対する挑戦状ではないかと思えてならない。「藤原の子」が藤原氏に反旗を翻したのである。

東大寺大仏殿は天皇権力の驕りの象徴

聖武天皇のわがままに民は苦しめられていた、という指摘もある。

小生が中学の時、修学旅行で社会科の教師から教わったのは、「東大寺は天皇権力によって民衆が搾取《さくしゅ》された、その象徴」ということだった。

奈良時代の民の苦しみは、『続日本紀《しょくにほんぎ》』和銅《わどう》四年（七一一）九月四日の勅から読み取ることができる。

「この頃聞くところによると、諸国から徴用した役民は、造都（平城京は遷都後も造営が続いていた）に疲れ果て、逃走する者が多く、禁じても減らないという。今まだ垣は出来上がらず、防衛もままならない。臨時に兵営を建て、兵器庫を固く守るべきだ」

各地から都に集められ、重労働に従事した民は、苦しみ、逃げ出していたことが分かる。

また、翌年の春正月の詔には、次のようにある。

「諸国の役民が故郷に帰る時、食糧が尽き、多くが道路に飢えて、溝に転び埋もれてしまう例が多い。国司《こくし》らはつとめて慈しみ養い、物を恵むように。もし死んでしまったら死体を埋葬し、その姓名を記録して、本籍地に連絡するように」

課役を終えて帰宅する途中で行き倒れになってしまう民も、少なくなかったのだ。天平宝字《てんぴょうほうじ》元年（七五七）十月の勅にも、役民や庸調《ようちょう》の運脚人は、遠路ゆえ行き倒れになる例が多いといっている。また、旅先で病気になると、知人もなく世話する人もいないので、餓死を避けるために乞食となり命をつなぐ者もいる。いずれにせよ、途中で死んでしまう。だから、食料や医薬を与えるように、といっている。

この時代は税を直接都に納めていた。行き帰りの食料も自前だったから、税を納めるだけでも命がけだったのだ。まして、前代未聞の巨大寺院と大仏を造立するとなれば、どれだけ民は虐げられ、苦しめられたことか……。

おそらく、件《くだん》の教師は（思想的に偏っていたことは事実だが）東大寺を目の前にして、大真面目に天皇権力の傲慢な姿を、われわれ生徒に教え込もうとしたのだろう（端的にいってしまえば、日教組だ）。

けれども、聖武天皇の本心は、別のところにあったように思えてならない。

なぜ聖武天皇は仏教に傾倒していったのか

東大寺建立でもっとも謎めくのは、そもそもなぜ聖武天皇は仏教に傾倒していったのか、ということなのだ。

天平十四年（七四二）の関東行幸に際し、伊勢神宮に橘諸兄を参向させているが、この時聖武天皇の夢枕に光明を放つ玉女が現れ、

「日輪《にちりん》（天照大神《あまてらすおおみかみ》）は大日如来《だいにちにょらい》で、本地《ほんじ》は盧舎那仏なのだから、この理を悟り、仏法に帰依すべし」

と告げられた。そこで東大寺建立を決意したという（『東大寺要録《とうだいじようろく》』）。これは本地《ほんじ》

垂迹説だが、要するに、日本の神のお墨付きをもらったわけだ。おそらく後付けの考えだろう。

天平十五年（七四三）の大仏建立の詔の中でも、「三宝《さんぼう》（仏法僧）の威と霊の力を頼り、天と地は安泰となり、万代《よろずよ》の事業を行い、生きとし生けるもののすべての繁栄を望む」と、『法華経《ほけきょう》』や『梵網経《ぼんもうきょう》』の形作る宇宙観を述べている。これは多神教世界、アニミズム世界に通じる発想で、ここでも仏教の教えを咀嚼《そしゃく》し日本的に解釈している。

しかし、だからといって、聖武天皇の「仏教狂い」を看過することはできない。日本各地に国分寺《こくぶんじ》や国分尼寺《こくぶんにじ》を整備し、まるで仏教を軸にした国家統治を目指したかのように見えるが、これはなぜだろう。律令制度が整い、すでに「神道」が国家統治の重要な位置を占めていたから謎めく。しかも神祇官《じんぎかん》は、ただたんに神を祀《まつ》る役所というのではない。徴税も神道と密接に関わっていたのだ。

律令制度が完成する以前、日本各地の集落ごとに有力者がいて氏上《うじのかみ》となり、氏《うじ》神《がみ》を祀り、ヒエラルキーに組みこまれた人たちは血縁関係の有無に関わりなく、みな氏子《うじこ》となって、ひとつのまとまりを作っていた。氏子は収穫物の一部を氏上に貢納（幣帛《へいはく》）し、氏上は氏神（祖神）に捧げた。これがそっくりそのまま、国家の税制に取り入れられた。民は新しく収穫した稲の一部を天皇に届ける（貢納）。天皇はその稲を神に捧げ、神のパワーを稲に吹き込み、その中から翌年田に播《ま》く種籾《たねもみ》を、民に分配する。神の力を得て豊穣を約束された、神聖な種籾である。そして、残った分を、国家が吸い上げた。これが、古代の税の基本原理で、律令制度に移行しても、このシステムは守られたのである。

律令制度は中国の隋《ずい》や唐《とう》で完成した統治システムだったが、日本に移入される段階で、「日本的な法体系」に変化している。中国では皇帝が絶大な権力を有していたのに対し、天皇には実権が与えられていなかったし、日本では太政官と神祇官が並び立った。神祇を司《つかさど》る役所が、これほど大きな扱いを受けているのは異常だ。それは信仰上の問題ではなく、「統治システムに神祇祭祀（神道）が組み込まれていた」からなのだ。そして、次第に太政官を藤原氏が牛耳り、かたや神祇官は、中臣氏が支配するようになっていく。

ちなみに、『古語拾遺《こごしゅうい》』の中で斎部広成《いんべのひろなり》は、「中臣氏が神道を好き勝手に塗り替え、支配して、ひとりで美味しい思いをしている」と訴えているが、神道と税が強く結ばれていたのだから、藤原氏と中臣氏で、国家を私物化してしまったことは明らかだ。

そう考えると、聖武天皇が仏教に目覚めたこと、新たな統治システムに仏教を選んだところに、大きな謎が横たわっていたことに気付かされる。藤原氏の構築した「神道を利用した統治システム」を破壊しようとしていたとしか思えないからだ。

実際、律令制度の矛盾点が噴出し始めた頃になると、各地の神官たちが、「神が仏に帰依《きえ》したいといっている」と報告する例があとを絶たなかった。徴税システムの歯車となった「神道」が、律令体制の制度疲労とともに、壊れていくのである。

聖武天皇は巨大な智識寺建立を目指した

聖武天皇は東大寺を建立するにあたり、優婆塞《うばそく》を抜擢《ばってき》している。優婆塞とは在俗の信者だ。重税と労役、兵役に疲れ果てた人びとが、朝廷の許可を得ずに土地を手放し流浪したのだ。それを束ねていたのが僧・行基《ぎょうき》で、各地に橋をかけ、民を救済する施設を造り続けたから、行基の人気はうなぎ登りだった。また優婆塞たちは、平城京の東の山に数千人で徒党を組み、多い時には一万人に膨れあがったというから、朝廷も無視できなくなった。

優婆塞が増えるのを放置していれば、律令制度そのものが崩壊してしまう（律令の土地と税の制度は原始的な共産主義だったので、制度が破綻するのは、時間の問題だったのだが）。だから藤原政権は、行基と優婆塞を弾圧の対象にしていったのだ。

ところが藤原四兄弟が全滅したあと、聖武天皇は、彼らを歓迎し、迎え入れ、公共事業を手伝わせ、また東大寺建立に参加してもらったのだ。

そもそも東大寺建立のきっかけは、聖武天皇が河内《かわち》の智識寺《ちしきじ》の存在を知ったことだった。智識寺とは優婆塞たちが財や労力を寄せ集めて建立した寺院で、聖武天皇は感動してしまったのだ。

それまでの寺院は国家や大豪族の手によって建立されていたが、一般の庶民が、純粋な信仰心によって、財と労力を持ち寄って仏を祀り、仏に帰依し始めていたわけである。

そこで、東大寺建立の詔に注目しておきたい。すでに触れた傲慢な言葉のあとに、次のような続きの文言がある。

天下の富、権勢を持つのは朕《われ》である。だから、この富と権勢をもって尊き像を造ろうと思う。事を成すことは簡単だろう。しかしそれでは、造仏の理念にそぐわない。だからといって無闇に人を使役し苦労させては、神聖な意味を理解してもらえないだろう。不満を持ち批難する人が出て、罪人になってしまうことを恐れる。だから、造仏事業に共感し貢献しようとする者は、至誠を持ち、各々が幸福を招く気持ちで、毎日三度盧舎那仏を拝むべし。自ら念じて、盧舎那仏を造るべし。もし、さらに、一枝の草、ひとつかみの土をもって像を造ろうと願う者がいれば、これを許せ。各地の役人は、これを根拠に百姓《おおみたから》を酷使してはならない。寄付を強要してもならない。方々にこの詔を伝え、朕の気持ちを伝えてほしい。

つまり聖武天皇は、国家ぐるみで智識寺を建立しようと企てたのだ。皇族や貴族だけではなく、一般庶民も参加して、一緒に盧舎那仏を造ろうという発想だった。「富と権力を独占しているのは私であり、私の力を使えば、寺はたやすく建立できてしまう。けれども、それでは意味がない」という聖武天皇の言葉の真意が、ここに隠されていたわけである。

そして藤原政権下で弾圧されていた行基や優婆塞を徴用したところに、革命的な意味が隠されていたのである。

東大寺建立をひとつの事件として取りあげたのは、聖武天皇が時代を大きく塗り替えたからだ。聖武天皇は通説が言うような「ノイローゼ気味」で「たよりなく」「ひ弱な」存在ではなく、強い意志を抱き続けた帝だったのである。

なぜ聖武天皇は律令体制を破壊しようと考えたのか

なぜ聖武天皇は、藤原氏が築き上げた律令体制を、破壊しようとしていたのだろう。

聖武天皇の敢行した謎の関東行幸の行程は、天武《てんむ》天皇の壬申《じんしん》の乱の行軍の足取りとそっくりだ、という指摘がある（瀧浪貞子『帝王聖武』講談社選書メチエ）。天智と天武の確執の溝が想像以上に深いこと、天智を後押ししていた藤原氏が壬申の乱で没落していたことをわれわれは知っているから、聖武天皇の行動の意味の重要性は、改めて語る必要はあるまい。すなわち聖武天皇は、「私に逆らえば、ふたたび東国の軍勢を引き連れてもどってくる」と、藤原氏に宣言していたのである。

問題は、なぜ聖武天皇が、「藤原の子」ではなく、「天武の子（末裔）」であることに目覚めてしまったのか、ではなかろうか。母が藤原、キサキが藤原なのだから、がんじがらめになっていたはずなのに……。

鍵を握っていたのは、これら二人の「藤原の女」であった。

天平九年（七三七）十二月二十七日、『続日本紀』には、奇妙な記事が載る。

この日、聖武天皇の母・宮子《みやこ》は、皇后宮《こうごうぐう》（藤原不比等の館を光明子《こうみようし》が継承していた）で僧正《そうじよう》玄昉と会った。天皇もまた、皇后宮に赴いた。宮子は聖武が生まれてから幽憂《ゆうゆう》に沈み（精神を患ったか）、長い間普通の言動ができなかったので、親子は会っていなかった（父の藤原不比等の館に幽閉されていた）。ところがひとたび玄昉が介抱してみると慧然《けいぜん》として開晤《かいご》した。そこで、たまたま訪れていた聖武天皇と面会した……。

ここで母と子は、三十数年ぶりに再会したのである。しかも、「正気」にもどって……。

この一節、無視できない。なぜ藤原不比等は、宮子と聖武（首皇子《おびとのみこ》）を引き離してしまったのだろう。「幽憂に沈んだ」という話は本当だろうか。玄昉が看病したら一瞬で精神疾患が治ったという話、にわかには信じられない。最初から宮子は、正常だったにちがいないのである。

宮子の母・賀茂比売《かものひめ》の祖父は鴨朝臣吉備麻呂《かものあそみきびまろ》だ。鴨（賀茂）氏は何者なのだろう。『新撰姓氏録《しんせんしょうじろく》』の大和神別《やまとしんべつ》に賀茂朝臣があって、大神《おおみわ》朝臣同祖、大国主神《おおくにぬしのかみ》の後裔と記される。第十代崇神《すじん》天皇の御代、出雲神の祟《たた》りに悩まされ、大物主神《おおものぬしのかみ》（大国主神）の子・大田田根子《おおたたねこ》を探し出してきて神を祀らせたところ、世は平穏を取りもどしたと『日本書紀《にほんしょき》』にある。その大田田根子の末裔が、鴨朝臣ということになる。壬申の乱では大海人皇子《おおあまのみこ》方に加勢した。また、平安時代には陰陽道《おんみょうどう》の世界で、賀茂氏は名を馳せていくこととなる。

持統《じとう》六年（六九二）二月、持統天皇は「三月三日に伊勢に行幸しようと思う」と詔した。すると三輪朝臣高市麻呂《みわのあそみたけちまろ》が「農繁期ゆえ、中止されますように」と諫言《かんげん》した。しかし、持統天皇は伊勢に向かってしまう。三輪朝臣高市麻呂は、冠位を脱ぎ（職を賭して）諫《いさ》めたが、持統は聞く耳を持たなかった。

ここに登場する三輪氏と鴨氏は大田田根子の末裔で、気骨のある人びとだった可能性は高いし、誇りを胸に抱いていたのだろう。強い権力を得ていた天皇に、「間違ったことは諫言する」という気概が見て取れる。

持統天皇は伊勢神宮を整備し、藤原不比等とともに、この段階から「女神アマテラス（天照大神）」という新たな概念を構築しようと考えていたようだ。出雲神の末裔という誇りを抱き続けてきた三輪朝臣高市麻呂が必死に留めようとした背景には、このような「神道と神話を塗り替えようとする野望」を見抜いていたからなのかもしれない。

いずれにせよ、藤原不比等にとって鴨氏は心を許せる相手ではない。ではなぜ、鴨氏の娘を娶《めと》ったのか、その詳細ははっきりしない。藤原不比等に略奪された可能性も、疑っておいた方がいい。梅原猛は宮子を「海人《あま》の娘」とみなし、藤原不比等の養女になったに過ぎないと推理する（『海人と天皇』朝日文庫）。魅力的な説だが、決定的な証拠がない。それよりも、素直に「出雲の鴨氏」の孫だったからこそ、宮子が邪魔になったと考えた方が、すっきりする。賀茂比売は出雲神から続く古い家系の中で育った。宮子も当然のことながら、鴨氏の影響を受けていただろう。とすれば、首皇子を「藤原の子」として純粋培養しようと考えた藤原不比等は、躊躇《ちゆうちよ》することなく宮子を幽閉しただろう。

祟りを恐れた光明子

ここで、大きな謎が浮上する。宮子が三十数年間幽閉されていた事実を知れば、藤原不比等に対する反発心が聖武天皇に芽生えたであろうこと、そして、母子再会の場所が、光明子の館だったところに、大きな謎がある。

光明子といえば、「藤原氏発展のために活躍した女」と信じられている。残された署名の字体の力強さから、「鉄の女」のイメージが強い。聖武天皇をコントロールし尻に敷いていたと思わざるを得ない。こののち聖武天皇が次第に追い詰められ、藤原仲麻呂（恵美押勝）が主導権を握る頃になると、光明子と藤原仲麻呂は、タッグを組んで、藤原氏復権のために働いている。どこからどう見ても、光明子は

「藤原の女」であり、藤原氏にとって不利なことをするようには思えない。とすれば、なおさらのこと、なぜ光明子の館で、聖武天皇は母と再会してしまったのだろう。『続日本紀』がいうように、たまたまそこに聖武天皇が訪ねて、アクシデントは起きてしまったのだろうか。

そうではあるまい。仕掛けたのは、むしろ光明子本人であろう。

ある時期を境に、聖武天皇は「天武の子」に豹変するが、ほぼ同時に、光明子も「藤原の女」でなくなった時期があったように思う。それは、藤原四兄弟全滅のあとだ。藤原氏の後ろ盾がなくなったから、というのではない。もっと切羽詰まった事情が隠されていたように思えてならない。結論を先にいってしまうと、「祟りに対する恐怖心」である。

梅原猛は『隠された十字架』（新潮文庫）の中で、藤原氏がピンチに立たされた時、なぜか法隆寺が手篤く祀られたと指摘し、その理由を聖徳太子の祟りに求めた。山《やま》背大兄王《しろのおおえのみこ》一族（上宮王家《じょうぐうおうけ》）滅亡事件には黒幕がいて、蘇我入鹿《そがのいるか》を操っていたのは中臣鎌足《なかとみのかまたり》だったといい、聖徳太子は藤原氏を恨んでいた、というのである。

しかし、山背大兄王自身ではなく、聖徳太子が中臣鎌足や藤原氏を恨んだという話も奇妙だ。第一法隆寺は平安時代に至るまで、山背大兄王一族を積極的に祀った気配がない。それもそのはず、山背大兄王の滅亡事件は虚構だったと『ヤマト王権と古代史十大事件』で述べておいた。だから梅原猛の推理は成り立たない。

ならば、なぜ藤原氏は自家のピンチに際し、法隆寺に注目したのだろう。具体的な危機は藤原四兄弟の滅亡であった。ここから光明子と藤原氏は、必死に法隆寺を祀っていく。とすれば、藤原四兄弟の滅亡と法隆寺の間に、何かしらの因果関係が見出せるはずだ。

答えは簡単なことで、長屋王《ながやのおおきみ》の祟りに怯《おび》えた光明子らが、法隆寺を祀り始めたのだろう。

なぜそういえるのか、説明していこう。

恐れられていた長屋王の祟り

『続日本紀』は無視するが、長屋王は祟って出たようだ。少なくとも、人びとは、そう信じた。

長屋王の変の翌年の天平二年（七三〇）六月二十九日、雷が鳴り、雨がふった。神祇官の屋根に雷が落ち、火の手が上がった。人や動物の中に、落雷で死ぬ者がいた……。これが『続日本紀』に記された落雷記事で、古来落雷は祟る鬼がもたらすと信じられていた。だから、この記事も、「祟り」を暗示しているが、長屋王とは関連付けられていない。

さらにこのあと、日照りと不作が続き、各地に盗賊が出没するようになった。飢饉は長引き、そうこうしている間に天平六年（七三四）には大地震が起き、その翌年から疫病が蔓延した。そして、天平九年（七三七）に、藤原四兄弟が全滅してしまう。一連の流れからいって、誰もが「すわ、長屋王の祟り」と感じたにちがいない。この時代天然痘の原因は「疫神、鬼の仕業」と考えられていた。それは祟りであり、藤原氏には、思い当たる節があったのである。

奈良時代末から平安時代初期に成立した仏教説話集『日本霊異記《にほんりょういき》』には、次のようにある。

聖武天皇が長屋王の邸宅に兵を差し向けると、長屋王は、「捕らわれるぐらいなら」と、子供達に毒を飲ませ首を絞めて殺し、自らも毒をあおった。聖武天皇は勅し、屍骸《しがい》を平城京の外に運ばせ、焼き、砕き、川に撒き、海に棄てた。ただ長屋王の骨だけは、土佐国《とさのくに》（高知県）に追いやった。すると土佐では百姓が次々に亡くなり、「長屋王の気（祟り）で、国の民が死に絶えてしまいます」と訴え出た。そこで聖武天皇は、長屋王の骨を紀伊国《きいのくに》（和歌山県）の小島に移した……。

やはり、長屋王の祟りに、人びとは震え上がったのだろう。

長屋王滅亡の翌年の天平二年頃から、光明子は慈善事業を始めている。皇后宮職《こうごうぐうしき》に施薬院《せやくいん》（病人に薬を与え救済する場）や悲田院《ひでんいん》（食べ物を施す場）を設け、貧しい人、病める人を救済した。悲田院では、身寄りのない子らを集め、養育していたようだ。おそらく光明子は、人一倍長屋王殺しの罪の意識にさいなまれていたのだろう。ここから光明子は、法華滅罪之寺《ほっけめつざいのてら》（法華寺）を建立し、「積善《せきぜん》の藤家《とうけ》」を訴えていく。「これだけ善行を積み上げましたから、藤原氏の罪をお許しください」という意味であろう。

ならば、法隆寺を祀っていく謎を、どう考えればよいのだろう。

すでに述べたように、天武天皇は親蘇我派であった。だから、天武の王家を意識し始めた聖武天皇は、親蘇我派の王になっていった。そして、ここが大切なところだが、長屋王のキサキの吉備内親王には、濃厚な「蘇我の血」を流れていたことだ。長屋王の変で殺された者の多くは、「蘇我系」で、唯一許されたのは、「藤原系のキサキと子」であった。長屋王の変は「蘇我系皇族湮滅《いんめつ》」の目的もあった。だから、光明子や藤原氏は、長屋王とその一家を親蘇我派とみなし、法隆寺を「蘇我系皇族」「蘇我系豪族」の墓標に見立て、ひとくくりにして祀ったのだろう。梅原猛の「怨霊封じ込めの寺」という直感は、間違っていなかった。ただ、聖徳太子ではなく、長屋王まで続く「親蘇我派の人脈」が法隆寺に祀られていたというのが、もっとも正しい法隆寺論なのだと思う。

聖武天皇は聖徳太子の生まれ変わり

聖武天皇は「藤原の子」であることをやめ、「天武の子」となった。『日本霊異記』は、あたかも聖武天皇が聖徳太子の生まれ変わりであるかのような話を載せている。太子信仰が広がる平安時代末期には、「聖武天皇は聖徳太子の生まれ変わり」という話は次第に広く唱えられるようになっていった。どちらも仏教興隆に大いに活躍したのだから、こういう話が広まるのは、無理もなかった。

その一方で、聖武天皇の治政を褒める歌を集めたとされる『万葉集《まんようしゅう》』巻六には、吉野《よしの》（奈良県吉野郡）や天皇と神を結びつける歌が多く、それはなぜかといえば、聖武天皇が天武王朝を意識していたからではないかという指摘がある（神野志隆光『柿本人麻呂研究』塙書房）。

聖徳太子と天武天皇が「蘇我」というキーワードでつながっていたのだから、聖武天皇が聖徳太子とつながり、天武天皇を意識していたであろうことは、むしろ当然のことである。

ところで、聖武天皇は関東行幸で藤原氏に対し挑戦状を叩きつけたが、結局藤原仲麻呂が持久戦を制して、主導権を握ってしまう。その間、壮絶な暗闘が展開されたのだった。

大仏発願の翌年、天平十六年（七四四）正月、恭仁京（京都府木津川市）を出発し

た聖武天皇は、難波《なにわ》行幸に向かった。留守を預かるのは、長屋王の弟の鈴鹿王と藤原仲麻呂だ。一行が桜井頓宮《さくらいのかりみや》（東大阪市）にさしかかったところで、安積《あさか》親王（聖武天皇と県犬養広刀自《あがたいぬかいのひろとじ》の間の子）が「脚の病」にかかり、恭仁京に引き返した。ところが二日後、安積親王は恭仁京で急死する。通説も認めているが、藤原仲麻呂が密殺したらしい。

『集古十種』に描かれた聖武天皇（国文学研究資料館蔵）

　安積親王は仮病を使い、恭仁京に戻り、内印《ないいん》（天皇御《ぎょ》璽《じ》）と外印《げいん》（太政官印）を持ち出そうとしたと考えられる。どういうことかというと、藤原仲麻呂を恭仁京に置き去りにしたまま、難波遷都を敢行してしまおうという腹づもりと思われる。だから、役人を動かすための内印と外印を、こっそり持ち出そうとしたところを、「そうはいくものか」と、返り討ちに遭ったということになる。

天皇の命令が絶対といっても、天皇の指示は文書になって印が捺印されて、初めて効力を発する。だから、内印と外印は、政争のたびに奪いあいになるのだ。

安積親王の悲劇の翌月、聖武天皇は難波から紫香楽宮《しがらき》（滋賀県甲賀市）に移り、この地で大仏造立事業を本格化させる。ところがここから、周辺で山火事が続けざまに発生した。とても自然発火などという頻度ではない。おそらく、藤原仲麻呂一派が、妨害工作をくり広げていたのだろう。人心の動揺は広まる一方で、結局聖武天皇は藤原氏の都・平城京に帰ってくる。聖武天皇の完敗であった。けれども、聖武天皇の抵抗は、藤原氏に衝撃を与えた。それはそうだろう。藤原不比等の孫で、宮子の子で、皇后は光明子と、絵に描いたような「藤原の子」が、藤原に反旗を翻したのだ。

ここから藤原氏は、天武系の王家に見切りをつけていくようになったのである。

第六章

橘奈良麻呂の変

奈良麻呂の変に至る経緯

聖武《しょうむ》天皇は天平勝宝《てんぴょうしょうほう》元年（七四九）、娘に皇位を譲る。孝謙《こうけん》天皇が誕生し、それから七年後に、聖武太上《だじょう》天皇は崩御《ほうぎょ》。この頃から一気に藤原氏が台頭し、反藤原派との間に一触即発の緊張が走った。そして天平宝字《てんぴょうほうじ》元年（七五七）七月に、反藤原派が一掃される悲劇的な事件が起きてしまったのだ。これが橘奈良麻呂《たちばなのならまろ》の変で、四百四十三名という膨大な数の貴族や官人たちが連座し、捕らえられ、流罪となった。その中でも首謀者たちは、取調中に亡くなったようだ。要するに拷問《ごうもん》死《し》（杖下《じょうか》に死す）であった。ここに、藤原氏に楯突く者は、いなくなったのだ。言うことを聞かない者は、この世から消えてもらう……。藤原氏の本性が、はっきりと示された事件だった。そしてこの事件によって、反藤原派は大打撃を受け、再起不能に陥る。

政敵に血の粛清を与えた中心人物は、あの藤原仲麻呂《ふじわらのなかまろ》（恵美押勝《えみのおしかつ》）だった。

ところでこの事件、途中経過がじつに奇妙だった。

天平宝字元年（七五七）三月、聖武太上天皇の遺詔《いしょう》（遺言）によって立太子していた道祖王《ふなどのおおきみ》が、廃されてしまう（理由はのちにふたたび）。代わりに立太子したのが大炊王《おおいのおおきみ》であった。大炊王は藤原仲麻呂の息のかかった人物だった。藤原仲麻呂の高笑いが聞こえてくるようだ。そして反藤原派は反旗を掲げる機会を狙っていた。

藤原仲麻呂も、抜かりはなかった。同年六月、反藤原派の急先鋒大伴古麻呂《おおとものこまろ》を陸奥鎮守《むつちんじゅ》将軍に命じ、陸奥按察《あぜち》使とした。体のいい左遷《させん》だ。古麻呂は切れ者で知られ、東北に赴任する途中美濃《みの》国で「病」と偽り逗留《とうりゅう》し、不破関を防ぐ算段をつけた。同じく反藤原派の同志・橘奈良麻呂（橘諸兄《もろえ》の子）とともに、新たな皇太子を担ぎ上げ、藤原仲麻呂を打ち倒そうというクーデターを画策した。都で精兵四百を率い、田村宮《たむらのみや》（藤原仲麻呂の私邸で孝謙太上天皇の宮）を囲もうと企てたのだ。

ところが六月二十八日、長屋王《ながやのおおきみ》の子・山背《やましろ》王が次のように密告した。

「橘奈良麻呂は道にそむき、兵器を備え、田村宮を囲もうとしております。大伴古麻呂も、このことを承知です」

山背王の母は藤原系で、一族滅亡事件の数少ない生き残りのひとりだった。こののち「藤原姓」を下賜《かし》されている。藤原仲麻呂が抱き込み、密告させたのだろう。

なんともやりきれない話だ。

謀反人を許した光明子

問題はこのあとだ。

六月二日、孝謙天皇は、おおよそ次のように詔している。

「逆心を持つ者がいて、田村宮を包囲しようとしていると、多くの者が報告してくるが、狂い、迷っている者の心を慈しみ、諭し、思いとどまらせたく思う。だから、身に覚えのある者がいれば、人に責められるようなことをしてはならない」

この時、孝謙天皇は、「話せば分かる」と、軽く流している。光明《こうみよう》皇太后も、次のような詔を発した。

「お前たちは、私の甥《おい》同然近しい者たちである。亡き聖武天皇も、皇太后（本人）によく仕え、助けるようにと仰せられたではないか。大伴宿禰《すくね》と佐伯《さえき》宿禰は、古くから天皇を守り仕えてきたではないか。また大伴宿禰は、私の同族（大伴古慈悲《こしび》は藤原不比等の娘を娶っている）ではないか。みな、心を清め、明るくして、朝廷を支えるように」

要するに、戒めたわけである。

ところが、さらに密告は続き、この晩、ついに一味は一網打尽にされてしまう。

翌三日、天皇の命令で首謀者のひとり・小野東人《おののあずまひと》を尋問するが、話をはぐらかせて、真相を聞き出すことはできなかった。すると夕方、藤原仲麻呂は皇太后（光明子）の御在所《おましところ》（元の藤原不比等邸）に侍り、塩焼王《しおやきのおおきみ》、安宿王《あすかべ》、黄文王《きふみ》、橘奈良麻呂、大伴古麻呂の五人の首謀者を呼び出し、皇太后の詔を伝えた。内容は、以下の通り。

「塩焼王ら五人が謀反を企んでいると報告があった。あなたたちは私にとって近い人たちである（塩焼王の祖母は中臣鎌足の娘。安宿王、黄文王、橘奈良麻呂は光明子の姉妹の子にあたる）。だから、ひとつも私を恨むべきことはないはずだ。あなたたちに朝廷は高い役職を与えている。何を恨んで、そのようなことをするのか。きっと何かの間違いであろう。これであなたたちの罪は許す。今後はこのようなことがないように」

光明子は、彼らを無罪放免にしてしまったのだ。すると五人は南門の外に出て、

「稽首《けいしゅ》して恩詔《おんしょう》を謝す」、つまり、頭を垂れて、恩義に謝したという。孝謙天皇も光明子も、謀反人を処罰する気持ちがない。これはいったいなぜだろう。

このあと、藤原仲麻呂はふたたび賊を捕縛し、拷問にかけるのだが、なぜ光明子は、謀反人たちを許したのだろう。

じつは、この光明子の奇妙な行動の背後に、この時代の複雑な歴史が隠されていたのである。

藤原仲麻呂(恵美押勝)の恐怖政治が始まった

橘奈良麻呂の変を、どこから説明していけばよいだろう。

聖武天皇が娘に譲位する直前の場面に、話はもどる。

天平十六年(七四四)に安積《あさか》親王が恭仁《くに》京で変死(おそらく藤原仲麻呂による暗殺だろう)し、翌年聖武天皇は藤原氏のための都・平城京《へいじょうきょう》にもどってくる。この段階で、藤原仲麻呂の勝利は、ほぼ見えつつあった。天平勝宝元年(七四九)夏四月、聖武天皇は東大寺に行幸《ぎょうこう》し、盧舎那仏像《るしゃなぶつぞう》に北面し、「三宝《さんぼう》（仏法僧）の奴《やっこ》として仕える」と宣言した。これは、藤原氏に対する最後の抵抗であった。この年秋七月、失意の中、聖武天皇は娘に皇位を譲る。孝謙天皇の誕生である。

この時代の太政官の主だった顔ぶれは以下の通り。左大臣・橘諸兄、右大臣・藤原豊成《とよなり》、大納言・巨勢奈弖麻呂《こせのなでまろ》、同・藤原仲麻呂、そして中納言以下に、石上《いそのかみ》（物部《もののべ》）、紀、多治比、石川（蘇我）、大伴ら、旧豪族出身の貴族たちが顔を揃えていた。

藤原豊成は学究肌の穏健派で、陰謀好きという藤原氏のイメージとはややかけ離れている。その一方で、役職では大納言とやや劣るが、藤原仲麻呂が藤原不比等の血を一番濃く引いたように思える。陰謀と謀略の限りを尽くし、藤原氏に刃向かった聖武天皇を追い詰めたのは、この人物であり、譲位を求めたのも、仲麻呂だろう。

孝謙女帝が即位すると、藤原仲麻呂はさっそく動き出す。皇后（光明子）の身の回りの世話をしていた役所・皇后宮職を紫微中台《しびちゅうだい》に改め、太政官に兼任させた（兼官）。全員が名を連ねたのではない。上から順番に「令《れい》（長官）」は藤原仲麻呂で、以下、大弼《だいひつ》（次官）に参議の大伴兄麻呂《えまろ》、同じく石川年足《としたり》ら、太政官の重鎮たちを紫微中台に組み込んだ。なぜこんな面倒くさいことをする必要があったのだろう。

藤原仲麻呂は孝謙天皇を信用していなかったようだ。父親と同じことをするのではないかと、疑心暗鬼だったにちがいない。だから、「藤原の女＝光明子」と手を組もうと考えたのだろう。そのために、紫微中台というカラクリが必要だった。

太政官は孝謙天皇とつながり、かたや紫微中台は光明子とつながる。孝謙天皇と光明子は、改めて述べるまでもなく、娘と母だ。娘は天皇で母は皇太后なのだから、公の地位という点に関していえば、娘が上位に立ち、また太政官も当然のことながら、紫微中台を凌駕《りようが》している。ところが、藤原仲麻呂は光明子を天皇並に厚遇していく。こうして次第に紫微中台の影響力が大きくなっていき、太政官を司《つかさど》る橘諸兄は、没落していくのである。

『続日本紀』天平宝字四年（七六〇）六月七日の光明子崩伝には、「勲賢《くんけん》（国家に功をなし優秀な者）を選び抜き、（紫微中台に）並び集めた」とある。人事と賞罰を司る「式部省《しきぶしよう》」の長官と次官、さらに武官も名を連ねていたところに、藤原仲麻呂の目論見が隠されている。

『続日本紀』の藤原仲麻呂（恵美押勝）の略伝には、紫微令・中衛大将となった仲麻呂は大きな政治判断を独自に行い、他の実力者は妬んだとある。また、宝亀《ほうき》十一年（七八〇）十一月の記事に、天平勝宝以来、皇族や枝族（分流）たちは、罪に陥る者が多かったとある。孝謙天皇の独裁ではなく、藤原仲麻呂の仕業だろう。「律令の規定にない組織＝紫微中台（光明子）」を虎の威にした専横であり、仲麻呂が平城京を跋扈《ばっこ》する姿が目に浮かぶようだ。藤原仲麻呂の恐怖政治が、ここから始まったのである。

藤原仲麻呂に利用された孝謙天皇

藤原仲麻呂は孝謙女帝を思い通りに動かしていたようだ。そして政局の主導権を、徐々に掌握していく。天平勝宝八年（七五六）二月、反藤原派の急先鋒・橘諸兄が失脚。同年五月には聖武上皇も崩御し、ひとつの時代が終わりを告げた。

ところで、橘諸兄は何をしくじったのかというと、「不満を漏らした」ということらしい。

天平勝宝七年（七五五）十一月二十八日に、橘諸兄の子・橘奈良麻呂の館で宴が催され、そこに橘諸兄がいたことが、『万葉集』から読み取れる。巻二十－四四五四の歌だ。

高山の巌《いはほ》に生《お》ふる菅《すが》の根のねもころごろに降り置く白雪

（大意）高い山の岩にはえた菅の根のように、ねんごろにくまなく、降り置く白雪よ。

何の変哲もない歌だが、この宴席で橘諸兄が謀反をほのめかす行動をとったと密告があって、朝廷から咎められてしまう。

『続日本紀』天平宝字元年（七五七）六月二十八日条には、次の記事が載る。

去る天平勝宝七年十一月、太上天皇（聖武）が病の床に伏せった。この時左大臣橘諸兄の資人《しじん》（仕えていた人）が、次のように告発した。

「大臣（橘諸兄）は、酒宴の席上で、無礼な言葉を発し、謀反の疑いがあります……云々」

ところが、太上天皇は、広い心を持って咎めなかった。橘諸兄はこれを知り、次の年に職を辞したという。

橘諸兄が聖武上皇に反旗を翻すとは考えにくい。もし仮に橘諸兄が酒の勢いを借りて悪態をついたとすれば、藤原仲麻呂の姑息な政権運営に対する不満であろう。もちろん、その噂を聞きつけた藤原仲麻呂が、「上皇に対する謀反」に話をすり替えたにちがいない。

橘諸兄は失脚の翌年、失意の中亡くなる。すると藤原仲麻呂は次の一手に出る。天平勝宝九年（七五七）三月二十日、孝謙天皇の寝殿の承塵《しょうじん》の帳《とばり》に「天下大平」の四文字が浮かび上がっていた。承塵とは、屋根裏から埃が落ちないように張った布や板だ。もちろん、何者かが書きこんだにちがいない。

孝謙天皇はこの四文字を発見し、すぐさま親王や群臣を集め、瑞字を披露した。そして同月二十九日、聖武天皇の遺詔（遺言）によって立太子していた道祖王を廃してしまったのだ。その理由を孝謙天皇は、次のように告げている。

聖武上皇の喪《も》が明けぬうちに、道祖王は児童と懇《ねんご》ろとなって、礼を失し、国家の機密を漏らしてしまった。だから密かに皇太子を廃そうと思い、善し悪しを神に祈っていた。すると天下大平の四文字を授かった……。

どうにも胡散くさい四文字だ。けれども、芝居がかっているからこそ、みな不気味に思い、孝謙天皇の行動に異を唱えることはできなかったのだろう。もちろんみな、背後に藤原仲麻呂がいると分かっていたのだろう。ちなみに道祖王を推していたのは反藤原派の橘諸兄であった。

孝謙天皇の本心

翌月、群臣が集められ、立太子の会議が開かれた。藤原豊成と藤原永手《ながて》は道祖王の兄・塩焼王を推した。これに対し反藤原派は舎人《とねり》親王の子・池田王を推したのだった。問題は藤原仲麻呂で、「天皇がお決めになればよろしいのでは……」と、意志を示さなかった。すると孝謙天皇は、他の意見を無視し「大炊王を立てたい」と述べられたのである。

大炊王は藤原仲麻呂の館に暮らしていた親藤原派の皇族であった。藤原仲麻呂の長男が早逝し、その嫁を大炊王にあてがったのだ。もちろん孝謙天皇の意見が通った。

天平宝字二年（七五八）八月、孝謙天皇は大炊王に譲位した。これが淳仁《じゅんにん》天皇である。

はたして孝謙天皇は、自ら進み出て藤原仲麻呂に協力したのだろうか。そのようなことはあるまい。のちに孝謙上皇は、淳仁天皇や藤原仲麻呂と争い、追い詰めていく。この行動は、「復讐」ではないかと思えてくる。「天下大平事件」を、孝謙天皇は深く恨んでいたのだろう。子供だましのくさい演技をさせられた挙げ句、藤原仲麻呂のごり押しを飲まざるを得なかったのだ。これは屈辱的な事件である。

しかも、藤原仲麻呂が設置した紫微中台のおかげで、太政官の権威と権力は地に墜ちたままだ。おそらく孝謙天皇は、何もできないままに、譲位を強要されたのだろう。そして即位したのが、淳仁天皇であり、孝謙天皇の不満は蓄積していったにちがいない。

のちにふたたび触れるが、孝謙上皇はしばらくして、淳仁天皇を皇位から引きずり下ろすことに成功するが、その時の宣命が強烈な内容だった。

先帝聖武が私に皇位を禅譲される時、次のように述べられた。「王を奴《やっこ》（身分の低い者）となしても、奴を王といっても、汝の好きなようにすればよい。たとえのちに誰かを帝に立てたとしても、礼を失して従わないようであれば、これを廃すればよい」。このような聖武帝の命を、二人の童子とともに聞いたのである。

こういって淳仁天皇を淡路《あわじ》国に流してしまったのである。

孝謙はここで、一気に鬱憤《うっぷん》を晴らしたのだろう。

潰滅した反藤原派

藤原仲麻呂は孝謙天皇の即位後、光明子と紫微中台を利用して実権を握った。これに対し反藤原派は、抵抗らしい抵抗もできないままだった……。このような状況が分かったところで、話を橘奈良麻呂の変の直前に戻す。聖武上皇が亡くなった翌年のことだ。

頼みの綱だった道祖王も廃太子の憂き目に遭い、反藤原派は追い詰められ、不穏な空気が流れ始めた。

そんなさなかの天平勝宝八年（七五六）五月十日、大伴古慈斐《こしび》（壬申の乱で大海人《おおあまの》皇子《みこ》に加担した大伴吹負《ふけい》の孫）と淡海三船《おうみのみふね》（大友皇子の曾孫）が朝廷を誹謗《ひぼう》し、人臣の礼を失したとして、禁固処分を受けた。事件の詳細ははっきりとしないが、十三日には許されている。

この時代の大伴氏は橘氏とともに反藤原派の中心に立っていたが、当時の氏上の大伴家持は、大伴古慈斐の行動に一族の危機を感じとったようだ。

『万葉集』巻二十－四四六五に、大伴家持の「族《やから》に諭す歌一首」がある。その中で、大伴家持は、一族に向かって、「軽々しい行動をとってもらっては困る」と訴えている。「大伴氏は、曇りのない心を大王に捧げ、仕えてきた名門貴族なのだから、名を絶やすわけにはいかない」と訴えたのだ。

世の中は藤原仲麻呂の独裁体制に対する不満で満ちていたことは間違いなく、一触即発だったのだ。

天平宝字元年（七五七）五月、藤原仲麻呂は危機と見たのか、強引に紫微内相《ないしょう》（紫微中台の長官で、いうまでもなく令外官）という地位を新たに設け、この役職に就任した。本来なら皇太后の身の回りの世話をする役所の長官にもかかわらず、朝廷の軍事力をすべて掌握する権限が与えられた。ここまでくると、もう、何でもあり。無茶苦茶だ。

六月九日、孝謙天皇は次の五条を制定した。要約すると次のようになる。

（1）諸氏族の氏上は、公用以外の用事で自分の氏族を集め、会合を開いてはならない。

（2）王族や臣下の飼う馬の数を制限する。

（3）規定以上の武器を集めてはならない。

（4）武官以外の者は、京中で武器を所持してはならない。

（5）京中を二十騎以上で集団行動をしてはならない。

このような規則を定めたということは、事態が切迫していたことを暗示している。これは、政権側のなりふり構わぬ強圧的な政策といえよう。

そして、すでに述べたように、このあと謀反が発覚し、一味は一網打尽に捕らえられてしまったのだ。

首謀者たちには、「多夫礼《たぶれ》（常軌を逸した者）」「麻度比《まどい》（迷っている者）」「乃呂志《のろし》（愚鈍の者）」と蔑称が与えられ、拷問されて死んでいったのである。処刑され流された者四百四十三名に上り、反藤原派はほぼ潰滅した。無残な事件であった。

この時橘奈良麻呂は、次のように述べている。


聖体（聖武上皇）が亡くなり天下は乱れ、人心は定まらない。もし今藤原の息のかかった王を立てれば、われら一族は滅亡するであろう。

藤原氏のＤＮＡには「藤原氏だけが栄えればそれでよい」という情報が組み込まれているのだろう。藤原氏は決して、他者と共存しようとはしないのだ。藤原氏が栄える時、日本人は不幸になるのである。

『万葉集』に秘められた最後のめでたい正月の歌

『万葉集』の最後の歌（巻二十－四五一六）をご存知の方は少ないだろう。天平宝字三年（七五九）春正月に、大伴家持が作った歌だ。二年前の橘奈良麻呂の変を傍観し、助かった大伴家持の歌である。

新《あらた》しき年の始の初春の今日降る雪のいや重《し》け吉事《よごと》

新年を祝う、めでたい歌だ。初春のこの日、降る雪のように、よいことがいっぱいありますように、というのである。

これが、普段の正月なら、のどかな歌と判断がつく。しかし、巨大な謀反事件のあとだから、悲惨な歌に思えてくる。

大伴家持の警告もむなしく、仲間たちは血気に逸《はや》り、藤原仲麻呂の広げていたワナにかかってしまった。生き残ってしまった者の焦燥と喪失感を、この歌に感じることはできないだろうか。

そして、大切なことは、『万葉集』の編者が、あえてこの歌を巻末に持ってきたことだ。事情を知らなければ、「なぜ、最後の最後に、一年の始めのめでたい歌なのか」と、不思議に思うはずなのだ。

『万葉集』編者は、橘奈良麻呂の変によって、ひとつの時代が終わり、旧豪族にとって息をすることもできない時代が到来したことを、告げていたのではなかったか。

『万葉集』編纂には大伴家持自身が大いに関わっていたと考えられていて、編纂の目的は何だったかと考えれば、この最後の歌が示すように、「悪夢がひっくり返りますように」という願いと、藤原氏の陰謀によって、多くの罪なき者たちが奈落の底に突き落とされた事実を、後世に伝えようとしたのだろうと、察しがつくのである。

ところで大伴家持は最初から「慎重派」だったわけではなさそうだ。けれども最後に残った反藤原派の大物だったからこそ、自制心が作用したのだろう。

時間を遡《さかのぼ》るが、大伴家持が最初に蹉跌《さてつ》を味わったのは、安積親王の死であった。大伴家持は「安積親王推し」だったのだ。

聖武天皇の子は、基皇子、阿倍内親王（孝謙・称徳天皇）と安積親王の三人で、基皇子は早逝し、残った男子は安積親王だけだった。孝謙・称徳天皇は独身だったから、皇位継承者が生まれる予定はなく、とすれば、仮に安積親王が生きていれば、もっとも有力な皇位継承候補になるはずだった。

反藤原派の中心的存在だった大伴氏が、安積親王に注目するのは、むしろ当然のことだ。安積親王の母は県犬養広刀自《あがたいぬかいのひろとじ》で、「県犬養」といえば、反藤原派の「橘氏」の親族であり、藤原氏にとって、安積親王は厄介な存在だった。安積親王が即位すれば、せっかく手に入れた外戚の地位を、むざむざ手放すことになってしまう。だからこそ藤原仲麻呂による安積親王密殺説が、支持されるのである。

『万葉集』巻三‐四七五〜四八〇は、天平十六年（七四四）春二月に安積親王の死を悼んで「内舎人《うとねり》大伴家持」が作った歌で、「地面に這いつくばって泣き濡れる」「いつまでもお仕えしようと頼みにしていたこの気持ちは、どこに寄せればよいのだろう」と、嘆き続けるのである。

藤原房前に命乞いをした大伴旅人

大伴家持の父・大伴旅人《たびと》も、反藤原派の中心人物で、長屋王と親しかった人物だ。当然、藤原氏の強い圧力を受けている。

神亀四年（七二七）に大伴旅人が大宰帥《おおみこともちのかみ》に任命され九州に赴いているが、皇太夫人《ぶにん》事件が起きて三年後のこの頃、長屋王が邪魔になった藤原氏が、外堀から埋めていこうと、長屋王の周辺でもっとも頼りになった大伴旅人を九州に左遷した疑いがある。ちなみに『続日本紀』が、大伴旅人の大宰府任官と赴任の記事をまったく掲載していないところに、事の本質が示されていよう。ではなぜ、大伴旅人の九州行きが分かったかといえば、『万葉集』が記録していたからだ。

天平元年（七二九）二月に、長屋王一家が滅亡しているが、大伴旅人は何も手出しできなかった。藤原四兄弟は、着々と独裁体制づくりに成功してしまったのである。

その間大伴旅人は自暴自棄になって、酒浸りになっていたようだ。

『万葉集』巻三―三三八～三五〇の十三首は「大宰帥大伴卿、酒を讃むる歌十三首」と、「酒の歌」だと題詞にある。おそらく天平元年三月から四月にかけて歌われたものではないか、と考えられている。いくつか拾い上げておこう。

験《しるし》なき物を思《おも》はずは一杯《ひとつき》の濁れる酒を飲むべくあるらし（三三八）

（大意）何も役に立たない物思いにふけるなら、濁った酒を飲むべきだろう……。

賢《さか》しみと物いふよりは酒飲みて酔泣《ゑひなき》するしまさりたるらし（三四一）

（大意）賢そうに物をいうよりは、酒を飲んで酔い、泣いた方が、勝っている……。

なかなかに人とあらずは酒壺《さかつぼ》に成りにてしかも酒に染《し》みなむ（三四三）

（大意）中途半端に人間でいるよりも、いっそのこと酒壺になってしまいたい。酒に浸りたい……。

あな醜賢《みにくさか》しらをすと酒飲まぬ人をよく見れば猿にかも似る（三四四）

（大意）ああ、醜いことだ。賢人ぶって酒を飲まぬ人は、よく見れば、猿に似ているよ……。

世のなかの遊びの道にすずしくは酔泣《ゑひなき》するにあるべかるらし（三四七）

（大意）世の中の遊びの道で、さわやかなのは、酔い泣きすることであるらしい……。

黙然《もだ》をりて賢《さか》しらするは酒飲みて酔泣《ゑひなき》するになほ若《し》かずけり（三五〇）

（大意）黙して黙りを決め込み、賢人ぶるのは、酒を飲んで酔い泣きするに、及ばないことだ……。

自嘲もここまでくると、呆れるほかはない。少なくとも、大宰帥（今風にいえば外務大臣）の言葉としてふさわしくない。

そして長屋王の変のあと、大伴旅人は平城京の藤原房前に命乞いをして、許され、都に呼びもどされている。

大伴旅人と大伴家持は、藤原氏を憎み、対立したが、最後には名門貴族の性格が表出して、「おとなしくしていよう」と、縮こまったのだ。すでに触れたように、石川郎女《いしかわのいらつめ》が「大伴」に向かって、「しっかりしなさい」とたしなめているのは、このような歴史を踏まえていたということだろう。

そのような中にあって、血気盛んな大伴宿禰古麻呂（優秀な人材だったようだ）は橘奈良麻呂と手を組み、藤原仲麻呂に反旗を翻そうとしたのだろう。

いずれにせよ藤原氏にとっての当面の敵は、橘奈良麻呂の変で一気に叩きのめされたのである。

第七章

宇佐八幡宮神託事件

橘奈良麻呂の変後の混乱

橘奈良麻呂《たちばなのならまろ》の変（七五七）によって反藤原派はほぼ一掃されたから、藤原仲麻呂《ふじわらのなかまろ》の独裁体制が構築される。ところが、政局は安定しなかった。めまぐるしく流転し、権力者も天皇も、入れ替わってしまう。そして称徳《しょうとく》女帝は、皇族でもない道鏡《どうきょう》を天皇に引き上げようとしたのだ。いったいこの時代、何が起きていたのだろう。順を追って、まず歴史の流れを概観しておこう。話は変の直後からだ。

まず、藤原仲麻呂とその一家が、特権的な地位を獲得する。そして、藤原仲麻呂は恵美押勝《えみのおしかつ》の名を下賜《かし》され、淳仁《じゅんにん》天皇を傀儡《かいらい》にして専横を極めた。しかし、増長した恵美押勝は、次第に孤立して追い詰められていく。結局、恵美押勝の乱（七六四）が勃発したのだ。近江《おうみ》に敗走した恵美押勝を、吉備真備《きびのまきび》らが追い、乱は平定された。淳仁天皇は退位させられ、流された。

こうして、孝謙《こうけん》上皇は重祚《ちょうそ》（一度譲位した上皇がふたたび即位すること）して称徳天皇となり、道鏡を寵愛し、この人物を朝堂のトップに立てた。さらに、即位させ

天皇家・藤原氏関係系図

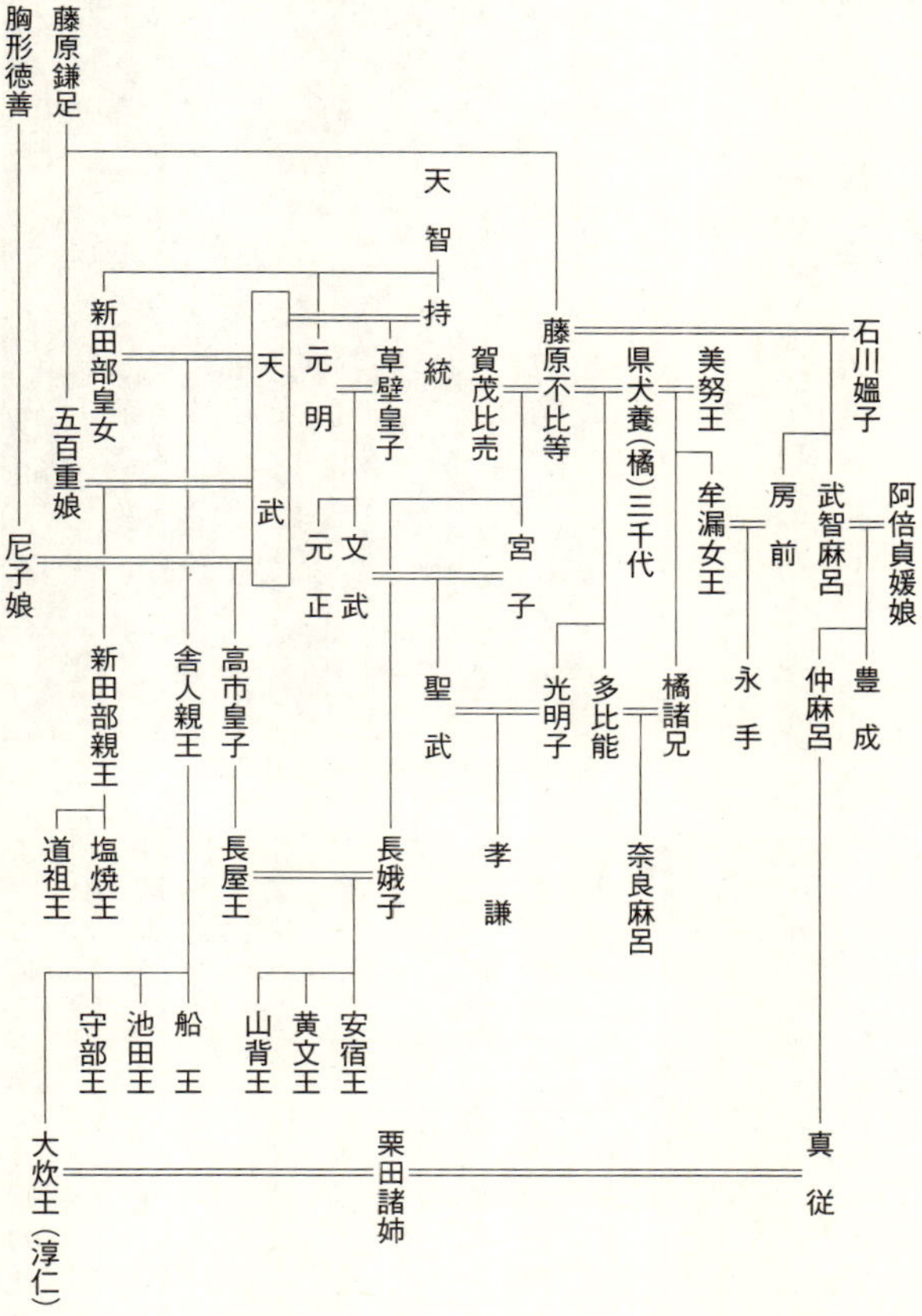

胸形徳善
藤原鎌足
天智
持統
天武
新田部皇女
五百重娘
尼子娘
元明
草壁皇子
元正
文武
賀茂比売
藤原不比等
宮子
県犬養(橘)三千代
美努王
石川媼子
牟漏女王
房前
武智麻呂
阿倍貞媛娘
永手
仲麻呂
豊成
聖武
光明子
多比能
橘諸兄
孝謙
奈良麻呂
新田部親王
舎人親王
高市皇子
道祖王
塩焼王
長屋王
長娥子
守部王
池田王
船王
山背王
黄文王
安宿王
大炊王(淳仁)
栗田諸姉
真従

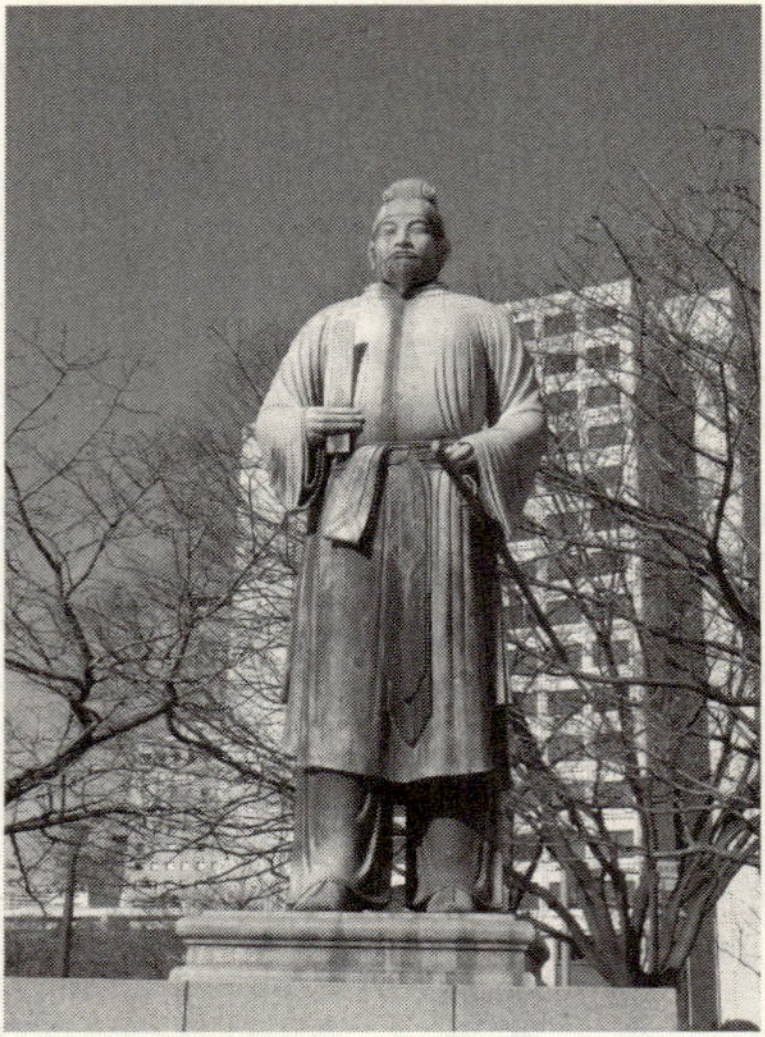

和気清麻呂像（東京都千代田区）

ようと企て、宇佐《うさ》八幡《はちまん》の託宣《たくせん》を利用したのだ。これが、宇佐八幡宮神託事件（七六九）だ。神託を確認するために遣わされた和気清麻呂《わけのきよまろ》が「道鏡ではなく皇緒《こうちょ》を立てよ」という神託を都に持ち帰り、道鏡即位の芽は摘まれた。称徳天皇崩御《ほうぎょ》ののち、道鏡も失脚してしまうのである。

『水鏡《みずかがみ》』などの後世の文書には、ここで吉備真備が天武《てんむ》系の王を担ぎ上げようと奮戦したと記録する。しかし、藤原氏に囲まれ孤立し、失敗していたとも記される。こうして、天武系の王家は断絶し、天智《てんじ》天皇の孫の光仁《こうにん》天皇が即位する。光仁天皇の子が桓武《かんむ》天皇で、いよいよ平城京《へいじょうきょう》の時代に幕が下ろされようとしていく……。これが、橘奈良麻呂の変のあとの流転と混乱である。

この時代、いったい何が起きていたのだろう。なぜ、頂点を極めた恵美押勝（藤原仲麻呂）が、下り坂を転げ落ちるように没落してしまったのだろう。

それよりも大きな謎は、なぜ称徳天皇は道鏡に入れあげ、どこの馬の骨とも分からぬこの人物を、皇位につけようと画策したのだろう……。これらの謎を、ひとつひとつ解き明かしていかねばならない。

なぜ阿倍内親王（孝謙天皇）が即位できたのか

まずここで、時間を遡《さかのぼ》って考えなければならないのは、天平勝宝《てんぴょうしょうほう》元年（七四九）の阿倍内親王《あべないしんのう》（孝謙天皇）の即位だ。すでに述べたように、藤原仲麻呂は孝謙天皇を警戒した。孝謙天皇↓太政官に対抗し、光明子＋藤原仲麻呂↓紫微中台《しびちゅうだい》を設置し、孝謙天皇に思い通りの仕事をさせなかった。それなら最初から、ほかの人物を即位させておいてもおかしくはなかった。聖武《しょうむ》天皇に無理矢理譲位させ、孝謙天皇の即位を促したのは、藤原仲麻呂だろう。

なぜ、藤原仲麻呂は阿倍内親王の立太子と即位を許したのだろう。それでいて、なぜ藤原仲麻呂は孝謙天皇を封じ込め、さらには「天下大平」という茶番劇を演じさせ、その上で淳仁天皇に譲位させるという孝謙にとって屈辱的な嫌がらせをしたのだろう。

答えはあっけないほど簡単なことと思う。

聖武天皇の即位によって、藤原氏は念願の外戚《がいせき》の地位を手に入れた。ところが基皇子《もといのみこ》が早逝し、残ったのは阿倍内親王と安積《あさか》親王になった。安積親王の母親は県犬養広刀自《あがたいぬかいのひろとじ》で、県犬養氏といえば、反藤原派の橘氏と血がつながっている。藤原氏にすれば、安積親王の立太子と即位は、悪夢であり、絶対に阻止しなければならない。だから、まず阿倍内親王を皇太子に立てることで、当分の間の安積親王即位の芽を摘み取った。

もちろん、阿倍内親王が即位できたとしても、油断はできない。理由の第一は、阿倍内親王が「藤原の子(母が藤原光明子《こうみようし》)」と「聖武天皇の娘」のどちらの側に立つのか、判断しかねたからだ。そして第二に、阿倍内親王が長生きするとは限らない。子供を産んでいないのだから、阿倍内親王が即位後急逝すれば、安積親王即位の可能性が高まる。

そこで藤原仲麻呂は、阿倍内親王が皇太子に冊立《さくりつ》されたあと、天平十六年（七四四）に安積親王を抹殺し、その上で、孝謙天皇の即位ののち、次の手を打ったのだろう。すなわち、聖武天皇の遺詔《いしょう》によって立太子をすませていた道祖王《ふなどのおおきみ》を「天下大平の瑞祥《しょうずい》」によって引きずり下ろし、藤原仲麻呂のいいなりになりそうな皇族を探し出し、てなずけ立太子させたのだ。それが、舎人《とねり》親王の第七子・大炊王《おおいのおおきみ》（淳仁天皇）である。

藤原仲麻呂は長子・真従《まより》亡きあと、真従の妻・粟田諸姉《あわたのもろね》を大炊王にあてがい、仲麻呂の私邸で大炊王を婿養子のようにして飼い慣らしたのである。

すなわち、藤原仲麻呂は外戚にはなれなかったが、「子飼いの天皇（表現が適切かどうか分からないが）」を推し立てることによって、外戚と同じ地位にのし上がったわけである。

皇帝になった恵美押勝

天平宝字《てんぴょうほうじ》三年（七五九）六月、淳仁天皇は「大保《だいほう》（右大臣。恵美押勝を指している）を、ただの卿《まえつぎみ》とは思っていない」といい出す。恵美押勝は諸卿《しょきょう》とは別格で、「朕《わ》が父」だといった。さらに、舎人親王（淳仁の父）に「皇帝」の称号を授けた。すなわち、淳仁の父親は皇帝なのだから、同等の立場にいる恵美押勝も、皇帝のような存在になったわけだ。じつに、子供っぽいやり方ではないか。

この頃から恵美押勝は、一家（恵美《えみ》家）だけで朝堂を支配するようになっていく。恵美押勝は淳仁天皇に、貨幣を鋳造《ちゅうぞう》する権利と、私出挙《しすいこ》、「恵美家印」の所持を認めさせた。本来なら貨幣を造るのは、国家の役割だ。恵美押勝が勝手に金を造り続ければ、インフレが促進され、ただ恵美家だけが富み栄えてしまうし、事実そうなった。

私出挙は種籾《たねもみ》を百姓《おおみたから》に貸しつけるもので、これも国家の仕事だった。恵美家は私的に貸すことによって、利益を上げることができた。弱い者いじめをする金貸しのようなものだ。

恵美家印は、官印の代用品で、所持を許されたのは、恵美押勝が初めてだ。諸卿との間の合議を経ることなく、勝手に公文書に捺印して、正式な文書になる可能性があった。恵美家は国家であり、恵美押勝に逆らうことができなくなったのだ。

しかし、恵美押勝の専横は、長続きしなかった。他の藤原氏も邪険にしてしまったから、反感を買い、孤立したのだ。反藤原派の残党の恨みも深かった。

『続日本紀《しょくにほんぎ》』天平宝字六年（七六二）五月二十三日の記事に、「高野天皇《たかののすめらみこと》と帝と、隙あり」とある。原因は記されていないが、孝謙太上《だじょう》天皇と淳仁天皇が不仲になったというのだ。二人はそれぞれ、内裏《だいり》の東側の法華寺《ほっけじ》（もともとは藤原不比等邸《ふひとてい》。次に、光明子が住んだ）と中宮院《ちゅうぐういん》（内裏か）に分かれてにらみ合いとなったのである。

六月三日、事態は急展開する。朝堂に五位以上の官人（高級官僚）が集められ、詔が読みあげられた（宣命《せんみょう》）。内容は、孝謙太上《だじょう》天皇が帝（淳仁）を批難するものだ。前半を省略し、肝心なところだけを抜き取る。

淳仁天皇はうやうやしく従うことなく、それどころか身分が低く賤《いや》しい者が話すように、言ってはならぬことを言い、やってはならぬことをした。そのようなことを言われる私ではない。このことは、私に菩提《ひそかぼだい》の心を起こさせようという仏縁と感じた。だから、私は出家して仏の弟子になった。ただし、祭祀などの政事《まつりごと》の小事は淳仁に任せるが、国家の大事と賞罰に関しては、孝謙上皇が行う……。

激烈な言葉だ。この太上天皇の淳仁天皇に対する怒りの言葉を、淳仁天皇が官人に語って聞かせる格好になった。なんとも奇妙な光景だ。原因は、孝謙が道鏡と懇《ねんご》ろになり、淳仁が不快感をあらわにしたことだった。天平宝字五年（七六一）に孝謙が保良宮《ほらのみや》に行幸した時、道鏡が看病し、それ以来寵愛していたのである。

問題は、このあとの孝謙と淳仁がどのように渡り合ったのか、宣命のいう通り、孝謙上皇が実権を握ったのかさえ、よく分からない。まったく『続日本紀』の記事からは読み取れないからだ。このあと、激しく暗闘がくり広げられていただろうに、『続日本紀』は記録していない。後世に残すことを憚《はばか》ったのだろう。

天平宝字八年（七六四）、孝謙上皇と恵美押勝はついに衝突し、御璽《ぎょじ》の奪いあいに敗れた恵美押勝は、近江（滋賀県）に逃走し、滅亡する。

十月九日、淳仁天皇も捕まり、次のような宣命が読みあげられた。すでに触れた、あのフレーズが登場する。

先帝（聖武天皇）が私に皇位を禅譲《ぜんじょう》する時、次のように述べられた。「王を奴《やつこ》となしても、奴を王と言っても、汝の好きなようにすればよい。たとえのちに誰かを帝に立てたとしても、礼を失し従わぬようであれば、帝の位に置いていてはいけない。君臣の道理に従い、正しい心を持って汝を助け、お仕え申し上げる者だけが、帝にふさわしい」このお言葉を、私は二人の童子（そば近くに仕える少年）と聞いたのだ。それなのに、淳仁のここ数年の様子を見ると、天皇の地位に立っている能力もない。また、今聞くところによると、恵美押勝と共謀し、私を除こうと計画していたのである。だから、淳仁を帝の位から退かせ、親王の位を与えて、淡路《あわじ》国に退かせる。

こうして、恵美押勝の野望は、あっけなく潰《つい》え去ったのである。

宇佐八幡宮神託事件勃発

恵美押勝の乱（七六四）を制した孝謙上皇は、重祚《ちょうそ》して称徳天皇となる。独身女帝は少僧都《しょうそうず》の道鏡を律令の規定にない大臣禅師《だいじんぜんじ》に抜擢《ばってき》し、その後太政大臣禅師《だいじょうだいじんぜんじ》という役職につけ、太政官を支配させた。また、法王《ほうおう》という称号を与え、天皇に準じる地位に引き上げたのだった。そして、僧侶が大嘗祭《だいじょうさい》の神事に参加するなど、それまでの常識を覆す行動をとり続けたのである。

称徳天皇自身は、それまでの身分制度を破壊したい衝動にかられていたのではないかと思える節がある。

身分の低い者に高い官位を濫発《らんぱつ》し、周囲を面食らわせた。道鏡を天皇に押し上げようとしたことが、最たるものだ。神話によって構築された「万世一系《ばんせいいっけい》の天皇」の歴史を否定してかかったのだ。

道鏡の場合、度を越していた。道鏡の一族も政界入りし、恵美家に成り代わって、道鏡一族の独裁政権が誕生したかのような光景である。

そしていよいよ、宇佐八幡宮神託事件が勃発する。

天平神護《てんぴょうじんご》元年（七六五）三月、称徳天皇は次の宣命を発している。

「皇太子の地位は、人があれこれ決めるものではない。天地が授けたまうものだ。ところが、いまだ天地の明らかな祥瑞は現れていないのだから、今ここで決めることはできない」

子のない女帝ゆえ、後継者選びは政争の具になっていただろう。これに対し称徳天皇は、「祥瑞を待て」と、釘をさしたのだ。

それから四年後の神護景雲《じんごけいうん》三年（七六九）に宇佐八幡宮から、「道鏡を即位させるように」という託宣が届けられ、事件は勃発した。のちに和気清麻呂が宇佐に確認に遣わされ、異なる神託を持ち帰った。これで称徳天皇たちの目論見は潰え去ったのだ。その経過を、『続日本紀』の記事から追ってみよう。事件の様子は、九月の宣命の中で語られている。

九月二十五日、称徳天皇は詔して次のように述べた。概略を書き出してみよう。まず、事件の処罰から切り出している。

輔治能真人清麻呂《ふじののまひときよまろ》（和気清麻呂。以下、混乱を避けるために、和気清麻呂で統一する）と姉の法均《ほうきん》（和気広虫《ひろむし》）の二人は、君主を守り助けるのが役目の臣下であるにもかかわらず、天皇を欺《だま》した。だから法に則って斥《しりぞ》けるという。

はじめ大宰府《だざいふ》の主神《かむつかさ》・中臣習宜阿曾麻呂《なかとみのすげのあそまろ》は、道鏡に媚び仕え、宇佐八幡神《はちまんしん》（大分県宇佐市の宇佐八幡宮の祭神）の教えと偽り、「道鏡をして皇位につかしめば、天下大平ならむ」と言った。すると道鏡は大いに喜び、自信を深めた。天皇は和気清麻呂を召し、勅して次のように述べた。

「昨夜夢に、八幡神の使いがやってきて、大神は天皇に奏上することがあるので、法均を遣わされますように、という。そこで和気清麻呂が法均の代理として出向き、神の言葉を聞いてきなさい」

そして、和気清麻呂が出立する時、道鏡は清麻呂に、次のように言い含めた。

「大神が使いを請うのは、おそらく私の即位のことを告げるためだろう。だから、その通り報告を持ち帰れば、重く取り立ててやろう」

けれども和気清麻呂が宇佐神宮に詣でると、大神は次のように託宣を下した。

「我が国開闢《かいびやく》以来この方、君臣の秩序は定まっている。臣をもって君とすること

宇佐神宮（宇佐市）

は、いまだかつてなかったことだ。日嗣《ひつぎ》は、必ず皇統《こうとう》の人を立てよ。無道の人道鏡は、すみやかに排除するべきだ」

和気清麻呂は、都に戻り、託宣をそのまま伝えた。すると道鏡は大いに怒り、和気清麻呂と法均を流してしまったという。

和気清麻呂はこうして位階《いかい》と勲位《くんい》を剥《はく》奪《だつ》され、卑称《ひしょう》を与えられた。そして、大隅《おおすみ》（鹿児島県）に流されたのである。

この事件、どう考えればよいのだろう。そしてなぜ、称徳天皇は道鏡を皇位につけようと考えたのだろう。

醜聞にまみれた女帝

ここで少し、称徳天皇のスキャンダルについて触れておきたい。

称徳天皇と道鏡は、スキャンダルの餌食となった。八世紀末から九世紀初頭に記された仏教説話集『日本霊異記《にほんりょういき》』には、次の話が載る。

何事も事件の前には前兆となる現象が起きるもので、天下を巡り歌になって人びとに教えるという。そして光明皇太后の時代、次の歌が流行った（意訳する）。「法師が袈裟を着ているからといって侮ってはならない。その服の中には、それは恐ろしいものが隠されている」というのだ。その上で、

我が黒みそひ股に宿給《ねたま》へ、人と成るまで

と続ける。露骨な表現ゆえ、訳そうとも思わない。問題は、この歌が称徳天皇の時代に起きる事件の前兆だったことだ。『日本霊異記』の話は、次のように続いて

いく。すなわち天平神護元年（七六五）、道鏡は称徳天皇と同衾《どうきん》し、権力を握ったというのである。

鎌倉時代の説話集『古事談《こじだん》』には、過激でバカバカしい話が載る。称徳天皇は道鏡の「陰」では物足りなくなり、山芋《やまいも》で代用していた。ところが折れてとれなくなったため、局部が塞がり腫れ上がってしまった。そこで、小さな手をした尼が手に油を塗って取ろうとしたら、藤原百川《ももかわ》が「霊狐《れいこ》なり」と叫び、尼を斬り殺してしまった。称徳天皇の容態は悪化し、そのまま息を引き取られた……。

母親の光明子も、スキャンダルにまみれている。

『今昔物語集《こんじやくものがたりしゆう》』巻第十一に、玄昉《げんぼう》と光明子の怪しげな関係が記されている。その昔、聖武天皇の時代に玄昉という僧がいて、唐に渡り修行を積んだ。唐の皇帝も一目置いていた。多くの経典や仏像を持ち帰り僧正に出世した。光明子は玄昉に帰依し、入り浸り、寵愛した。そして、よからぬ噂がたち始めた。藤原広嗣《ひろつぐ》はこの噂を聞きつけ、聖武天皇に報告し、玄昉を排斥するように訴えたが、聖武は相手にしなかった……。

光明子と称徳天皇の母子が醜聞まみれなのは、称徳女帝と道鏡が「許されぬ恋」

に落ちたこと、天皇家のありかたを、称徳天皇が破壊しようとしたことと、関係しているのだろう。

また、称徳天皇が最後の天武系だったことも、大きな意味を持っていたはずだ。称徳天皇亡き後、天智家の光仁天皇が立ち、今上天皇に至るまで、天武系は復活することはなかった。天武の王家は敗者であり、平安時代をリードする藤原氏にとって、思い出したくもない王家であった。だから天皇家の菩提を弔う京都の泉涌寺《せんにゆうじ》(京都市東山区)では、天武系の天皇を無視したままだ。

事件をめぐる謎の数々

称徳天皇は歴史の敗者なのだ。だから、あることないこと、面白おかしく書かれ、叩かれる。そう考えると、称徳天皇にまつわるスキャンダルは、すべてを鵜呑みにすることはできない。この時代の歴史はもう一度見直す必要がある。

そもそも、称徳天皇のこと、道鏡のことは、正確に分かっていない。称徳天皇と道鏡が男女の仲にあったのかどうか、『続日本紀』など一級の資料を見ても、はっきりと分かるわけではない。宇佐八幡宮神託事件の詳細も、本当は明らかにされていないのだ。

事件を起こしたのは誰か、誰が中心に立っていたのかという点についても、これまではっきりとした答えは出されていない。それは道鏡だったのか称徳天皇なのか、はたまた二人の共謀か、あるいは宇佐八幡宮の神職団だったのか……。『続日本紀』を読んでも、はっきりとしたことが分からない。

事件にまつわる『続日本紀』の記述をそのまま信じるわけにはいかない、とする指摘も提出されている。

たとえば中西康裕は、事件にはいくつもの謎が隠されているという。和気清麻呂を失脚させた称徳と道鏡だったが、なぜかその後、「道鏡の即位」の動きはまったく消えてしまった。しかも称徳崩御ののちの中臣習宜阿曾麻呂と道鏡の処罰が軽すぎる……。

そこで中西は、宇佐八幡宮神託事件そのものが、『続日本紀』編者の創作と推理した。光仁天皇の出現は天智系の復活であり、桓武天皇が革命・天命思想を明らかにするために、前王朝の失態を捏造《ねつぞう》し、記録させたのだというのである（『続日本紀」と道鏡事件」『日本史研究 369』日本史研究会編集）。なるほど、これまでになかった斬新な指摘で、『続日本紀』の読み方を一考しなければなるまい。

これに対し勝浦令子は、聖武天皇の影響を受けた称徳天皇を「崇仏の女帝」と捉え、中西の推理に対し「残された史料を総合的に考えるとやはり、道鏡の皇位継承に関連するものと考えられ」といい、「より切実に皇位継承者は仏聖の容認する者、さらにそれを神が保証する者と考えた」と指摘している（『孝謙・称徳天皇』ミネルヴァ書房）。

瀧浪貞子も『続日本紀』による記事の捏造という推理を否定するが、道鏡が大悪人だったという考えは採らない。むしろ、そそのかされ、振り回された側ではないか、と指摘している（『敗者の日本史2 奈良朝の政変と道鏡』吉川弘文館）。

諸説入り乱れ、混沌としてきた道鏡をめぐる問題だが、ここで大切なのは、この事件に至るまでの天皇家と藤原氏、反藤原派と藤原氏それぞれの暗闘の歴史を読み誤ってはならない、ということではなかろうか。特に、藤原氏のしでかしてきたこと、藤原氏に利用されてきた女性たちの恨みつらみに気付かないままでは、真相を見誤るということである。

奈良時代の歴史の要に立っていたのは県犬養三千代

奈良時代の「落ち着きのない政局」は、「藤原氏と反藤原派の暗闘が原因」と、くくることができるが、その裏側に潜んでいたのは、「女の恨み」だ。称徳天皇の尋常ならざる行動も、積もりに積もった「恨み」を知らなければ、理解できないのである。

称徳天皇の場合、彼女が「藤原不比等の孫」であることも、見る者の目を曇らせている。歴史を学ぶ時、どうしても男系に注目しがちだが、称徳天皇の母親は光明子で、祖母は県犬養《あがたいぬかいの》（橘《たちばな》）三千代《みちよ》だったことを、忘れてはならない。特に、この時代の歴史は、女性がつくったのではないかと思えてならないのである。

奈良時代の歴史の要に位置しているのは、県犬養三千代である。

平城京の高貴な女性たちの「恨みつらみ」の根源を辿っていくと、県犬養三千代に行き着く。

すでに触れたように、県犬養三千代は夫が単身赴任中に藤原不比等に嫁いでいる。悪女の仕業だとする説が根強いのは、その後藤原不比等が、県犬養三千代の力を得て、大いに出世していくからだ。藤原不比等は女性の力を踏み台にのし上がった。

では、県犬養三千代は本当に悪女で、夫を裏切り藤原不比等とタッグを組んでいたのだろうか。そうではあるまい。美努王《みののおおきみ》との間に生まれた葛城王《かつらぎ》は、臣籍降下《しんせきこうか》する際、母親の「橘」の姓を引き継ぎ、橘諸兄《たちばなのもろえ》となった。もし仮に、県犬養三千代が美努王を裏切り自分の意志で藤原不比等にくっついていったのなら、はたして葛城王は「橘」の姓を継いだだろうか。

葛城王の祖父と父（つまり美努王だが）は、壬申の乱に際し、命を張って大海人皇子に荷担した。その誇りを抱き続けた一族の血が葛城王に流れていたのであり、だからこそ、反藤原派のトップに躍り出たのだ。その葛城王が、橘諸兄を名乗ったところに、多くのヒントが隠されていよう。

さらに、これまで「藤原の鉄の女」と信じられてきた光明子も、それは「装っていただけ」の話であって、化けの皮を剥《は》がせば、正体は「県犬養三千代の娘」なのである。

橘奈良麻呂の変（七五七）で、光明子と孝謙（称徳）の母子は、謀反人たちを「お前たちはわれわれの身近な存在なのだから」と、解き放っている。その後藤原仲麻呂が慌てて捕まえ直すが、ここに、「県犬養三千代の娘たち」の本心が隠されている。

長屋王の変ののち藤原四兄弟が全滅し、反藤原派は台頭するが、この時光明子は聖武天皇を生母・宮子《みやこ》に引き合わせ、聖武天皇を「藤原の子」から「天武の子」に入れ替えている。なぜ藤原不比等の娘が藤原氏を裏切るかのような行動をとっていたかというと、光明子が藤原不比等の娘である以上に、県犬養三千代の娘だったからだろう。

聖武天皇関係系図

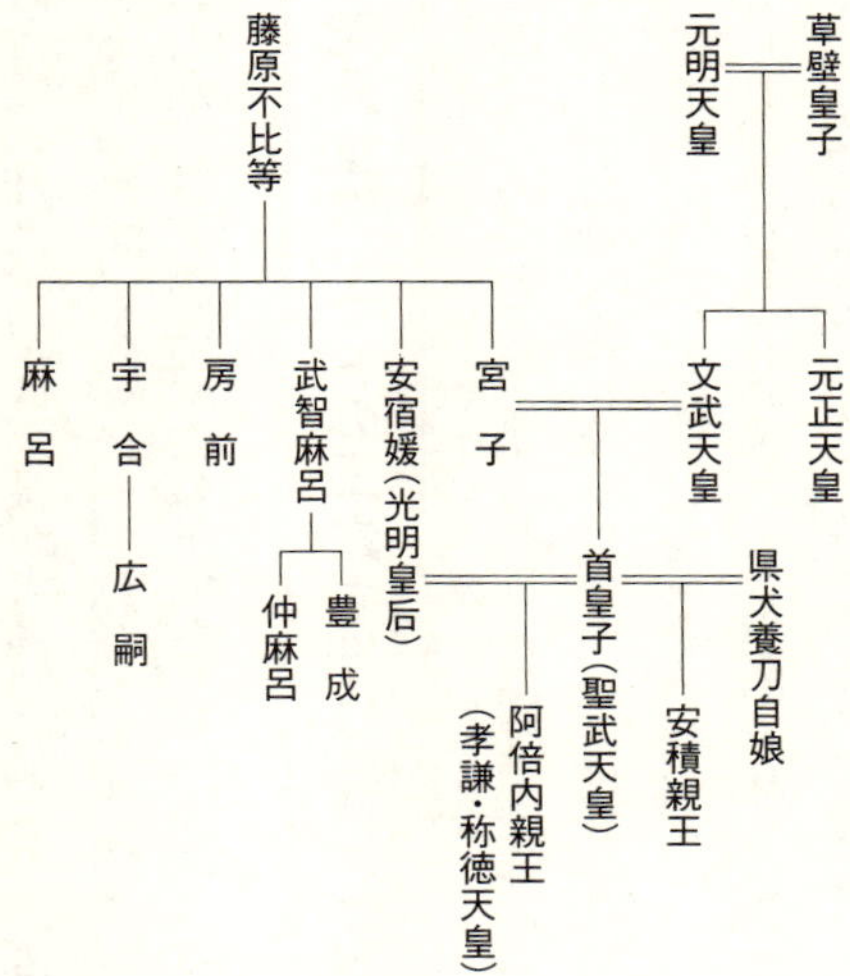

考えてみれば、聖武天皇が大暴れした頃、政局を牛耳っていたのは県犬養三千代の息子と娘であった。それが橘諸兄と光明子で、「天武の子」聖武天皇を支えていた二人が、県犬養三千代の子であったことは、無視できない。

称徳天皇はヤマトの王家を振り出しにもどそうとした

そこで改めて称徳天皇の行動に話をもどせば、藤原氏だけが栄える世の中に対する反発が、称徳天皇になかったといえば、嘘になるだろう。

藤原仲麻呂の言いなりになって、紫微中台に圧倒され、「天下大平」事件を演じさせられ、淳仁への譲位という屈辱を味わい、藤原のやり方に閉口していた称徳天皇が、「天皇は藤原氏のためにあるのではない」と考え、「藤原のための天皇なら、ない方がまし」と、やや自暴自棄になりながらも、王家の新しいあり方を模索した可能性を、想定してみたいのだ。

たとえば、道鏡の素姓を探っていくと、物部《もののべ》氏の影がちらついてくる。

天平宝字八年（七六四）九月、恵美押勝は道鏡に対し、

「道鏡の朝廷に仕える様子を見ると、先祖の大臣として仕えていた過去の一族の栄光を取りもどそうと躍起になっているのだ」

といい、「だから排斥しろ」といっている。

道鏡の俗姓は弓削《ゆげ》氏で、河内《かわち》に根を張った一族だった。「弓削」の名から軍事に関わった者たちだったことが分かるが、やはりヤマト朝廷の軍事を司《つかさど》っていた物部氏の配下で、活躍していた。物部守屋《もりや》は「物部弓削連守屋《ゆげのむらじもりや》」とも呼ばれていて、母方が弓削氏だった可能性が高い。恵美押勝が指摘していた「過去の大臣クラスの人物」とは、物部守屋のことではあるまいか。

憶測を逞しくすれば、子のない称徳天皇は「ヤマト建国時まで遡《さかのぼ》り、王家は三つの家の持ち回りにしてもよいではないか」と考えていたのかもしれない。「利用され尽くす天皇」「藤原氏だけが栄える世の中」の到来を嫌い、もがいてみたのではなかったか。

三つの家とは、「物部」「尾張《おわり》」「蘇我《そが》」である。『ヤマト王権と十大豪族の正体』『ヤマト王権と古代史十大事件』（どちらもＰＨＰ文庫）の中で述べたように、ヤマト建国の中心に立っていたのは「物部（吉備＋瀬戸内海）」「尾張（近江・東海）」「蘇我

（タニハ＋日本海）」の三大勢力で、この「閨閥《けいばつ》」の中から、王が登場していたと筆者は考えている。とすれば、称徳天皇は、「ヤマトを振り出しにもどそう」と企んでいたのかもしれない。

もちろん、史料が少なすぎるために、断言はできないのだが……。

第八章

藤原種継暗殺事件と平安京遷都

なぜ桓武天皇は平城京を棄てたのか

桓武《かんむ》天皇といえば、平城京《へいじょうきょう》で続いた混乱と疲弊を回復すべく、長岡京《ながおかきょう》、平安《へいあん》京遷都《きょうせんと》を敢行し、人心を一新した偉大な天皇として知られている。しかしこの遷都、いくつもの謎が隠されている。

桓武天皇を後押ししていたのは藤原《ふじわら》氏で、平城京は藤原氏のための都なのだから、大きな謎なのだ。なぜ桓武天皇は、平城京を棄てたのだろう。

外京《げきょう》の一帯は天皇のおわします平城宮を見下ろす高台に位置し、ここを藤原氏が牛耳っていた。藤原氏の氏寺興福寺《こうふくじ》のある一帯だ。いったん事が起これば、藤原氏はこの高台に逃げ込み、身を守ることができた。平城京にいる限り、藤原氏は盤石だ。藤原仲麻呂《なかまろ》（恵美押勝《えみのおしかつ》）と敵対していた聖武《しょうむ》天皇が、なかなか平城京にもどろうとしなかったのは、このためだ。

延暦《えんりやく》三年（七八四）、桓武天皇は長岡京（京都府向日《むこう》市、長岡京市、京都市にまたがる）に新都の造営を命じた。翌年の正月の朝賀は、新しい都の大極殿《だいごくでん》で執り行わ

長岡京大極殿跡（向日市）

れたという慌てぶりだ。通常の宮城建設の四分の一の時間で、大極殿を造営している。ただしこれにはカラクリがあって、難波京《なにわきょう》の建造物を移築したらしい。

桓武天皇は遷都を急いだだけではない。隠密裏に遷都を計画し、迅速に事を成し遂げようとしていた気配がある。

遷都の直前の五月、摂津職《せっつしき》（摂津国の長官）に任命されていた和気清麻呂《わけのきよまろ》が「二万匹のガマが難波の市から四天王寺《してんのうじ》に移動した」と報告してきた。これは、難波京住民を立ち退かせ、建造物を分解し、長岡京に送るための準備ができたことを示していたと考えられる。

なぜか和気清麻呂と桓武天皇の間で、

「符丁《ふちょう》」「隠語《いんご》」が使われていたのだ。極秘プロジェクトだったのだろう。

やはり、平城京を棄てた背後には、何かの秘密が隠されている。

なぜ、桓武・藤原政権は、武力衝突を起こしても勝ち目のある平城京を棄て、長岡京や平安京に移る必要があったのだろう。しかも、慌ただしく移動しようとしたのは、なぜなのだろう。

もちろん、腐敗した仏教界と王家、そして政界の癒着を断ち切ろうとしたというのが、教科書的な考えだ。実際桓武天皇は仏教が嫌いだったらしく、当初長岡京に仏寺《ぶつじ》を建立するつもりはなかったらしい。本当に、仏教（特に、奈良の仏教界）が嫌いで仕方なかったのだろう。

藤原不比等が旧豪族層の本貫地である奈良盆地南部から離れるために平城京を選んだように、桓武天皇も、平城京に根をおろした貴族たちを、ふたたび山背《やましろ》に連れて行くことによって、本拠地から引き離し、弱体化を図ったのかもしれない。

東側からの攻撃に強い山背（山城）

山背は「東側からの攻撃に強い」という利点もあった。東国から攻める軍勢を、「不破《ふわ》の関《せき》」「瀬田橋《せたきょう》」「逢坂《おうさか》の関《せき》」「山科《やましな》から山背に抜ける峠」の四つの防衛ラインを構えて防ぐことが可能だった。

一方奈良盆地は、西を見下ろし、東を仰ぎ見る地形だから、西に強く東に弱かった。奈良の都で異変があって不穏な空気が流れると、東の関を閉めたのは、そのためだ。東の関とは、すでに触れたように、伊勢国鈴鹿・美濃国不破・愛発《あらち》で、これを三関固守《さんげんこしゅ》という。

東側からの攻撃に弱いだけではなく、反藤原派が東とつながっていたことも、大きな意味を持っていた。奈良の地勢は、西側に出っ張った東国なのだ。たとえば縄文時代から弥生時代の移り変わりに際し、奈良盆地は西から押し寄せる弥生文化をはね返す拠点となった。東を警戒する藤原政権にとって、東国の敵は恐ろしかったのだろう。あまり指摘されてこなかったが、藤原氏に支えられていた桓武天皇が平城京を棄てたひとつの理由は、「防衛」だと思う。

延暦十三年（七九四）十月二十二日、平安京に移った桓武天皇は、一帯の地勢を「山河襟帯《さんがきんたい》（山が襟のように取り囲み、川がオビのように流れる）」といい、天然の要害であり、「山背」の地名を「山城」に改めようと、述べている。ちなみに、「山背」とは、「ヤマト（大和、奈良県）の後ろ、向こう側」の意味だった。

またこの時代、造都や造寺が相次ぎ、木材の伐採によって大量の土砂が難波津《なにわのつ》に流れ込み、津（港）が使い物にならなくなっていた。そのため、奈良盆地→難波津のルートを棄て、山背に注目が集まったのではないかという。

長岡京は淀川の北岸にあって、水陸の便がよい。瀬戸内海とつながる「津」を都に隣接して造ることができる。

時代的な地の利を考えての遷都であり、さらに、蝦夷征討《えみしせいとう》に執念を燃やしていたことも、大きな理由ではないかとする説もある。

それならなぜ、隠密裏に遷都は計画され、しかも一気呵成《いっきかせい》に終わらせようとしたのだろう。

ひとつの仮説を用意しよう。桓武天皇と藤原氏は、平城京に住んでいられなくなったのではあるまいか……。天智《てんじ》の王家と藤原氏は、政敵を次々と倒し、血の粛清によって、ようやくの思いで、玉座と権力者の地位を確保した。しかしそれまでに殺してきた多くの罪なき者たちの恨みが、祟《たた》りとなって、覆い被さってきたのだろう。

平城京は呪われた都と化したのではあるまいか。桓武天皇が即位できたのも、罪のない母子を密殺したからであった。しかも、二人が祟って出ていたことは文書に記録されているし、のちの朝廷は、二人を祟り神として丁重に祀《まつ》っている。桓武天皇にとっても、平城京は恐ろしい怨霊の出没する都だったのではなかったか……。

史学者は、「祟り」を軽視する（あるいは、論文に書いても評価されないのかもしれない）ため、このような発想は、なかなか受け入れられてこなかった。しかし、桓武天皇は仏教を嫌いながらも、のちに仏教の力を借りようとしている。それは、祟りの恐ろしさを身にしみて感じたからではなかろうか。

井上内親王と他戸親王の悲劇

くどいようだが、平城京は本来藤原氏のための都だった。そして、長岡京遷都を敢行した桓武天皇を後押ししていたのも、藤原氏だった。ここに大きな謎が隠されている。なぜ藤原氏は、長岡京遷都を許したのだろう。

『利運談』に描かれた吉備真備（国文学研究資料館蔵）

長岡京遷都のきっかけは、とある事件ではなかったか。井上内親王《いかみないしんのう》と他戸《おさべ》親王の悲劇だ。彼らは天武の王家の人脈である。

恵美押勝の専横と滅亡によって、藤原氏は一気に没落したかのように見えるが、称《しょう》徳《とく》天皇崩御の頃になると、すっかり復活し、天武系の継続を願う吉備真備《きびのまきび》の思惑を一蹴し、天智天皇の孫の光仁《こうにん》天皇を擁立することができたのである。

光仁天皇の即位を画策したのは、藤原百川《ももかわ》や藤原永手《ながて》、藤原良継《よしつぐ》であった。藤原氏が執念で天智系の天皇を擁立したのだ。藤原の子として期待していた聖武天皇が、反藤原の王となって暴走した苦い経験から、「天智系の天皇を」は、藤原氏の悲願になっていたのだろう。

天武から天智の王家にすんなり皇統が移動したわけではない。吉備真備は抵抗したし、反藤原派に一定の配慮も必要だった。宝亀《ほうき》元年（七七〇）十月に光仁天皇が即位すると、同時に聖武天皇の長女・井上内親王が皇后に立った。そして翌年一月二人の間の子・他戸親王が皇太子となった。

皇后に井上内親王を立てること、皇太子に子の他戸親王を立てることは、「天智系の光仁を天皇に立てる条件」の中に盛り込まれたのだろう。おそらくここで、親天武派（反藤原派）と「手打ち」をしたのだろう。他戸親王が即位すれば、「母の血筋が天武系の天皇」が誕生する。藤原氏が外戚の地位に立てないというだけでも、大きな意味がある。親天武派も、勢いを盛り返すチャンスが到来するわけだ。

しかし、「藤原」はそんなに甘くない。彼らは「天武の血」をこの世から消し去ろうとしていたとしか思えない。井上内親王と他戸親王は、このあと謀略によって親子ともども抹殺される。

宝亀三年（七七二）三月、皇后の井上内親王は、「巫蠱《ふこ》（まじないをし、人を呪うこと）」をしたから、と皇后位を剝奪されてしまう。裳咋足島《もくいたるしま》なる人物が自首してきたのだ。裳咋足島は井上内親王と二人で、かなり前から巫蠱、厭魅《えんみ》を行っていたという。

驚くべきは、裳咋足島の処遇だ。罪はあるが、年月がたっていること、しかも自首してきたから、官位を繰り上げる、という。皇后とともに呪っていた人物が出世してしまった……。これが讒言《ざんげん》（嘘の報告）であることは、誰の目にも明らかだ。仕掛けたのは、藤原氏だろう（それ以外に誰がいるというのだ）。

すると五月には、他戸親王も皇太子の地位を奪われた。光仁天皇は次のように述べている。

「皇太子他戸は、母井上内親王とともに厭魅大逆《たいぎやく》を何度も行っていたことがはっきりと分かった。皇位は私個人のものではない。公のものだ。私情でわが子を皇太子にすることはできない。謀反大逆の子を皇位につければ、のちの世に平穏をもたらす政治ではなくなってしまう」

自分の子を排斥するというのは、どういう気持ちなのだろう。しかも翌年十月には、井上内親王が天皇の同母の姉・難波内親王を呪い殺していたといいがかりをつけられ、大和国宇智郡《うちのこおり》に幽閉されてしまった。

宝亀六年（七七五）四月二十七日、母子が亡くなったと『続日本紀《しょくにほんぎ》』は記録する。死因に関する記録は何もないが、同じ日に死んだということは、密殺されたのだろう。哀れな話だ。

『公卿補任《くぎょうぶにん》』は、他戸廃太子事件を藤原百川の策謀と断じる。『続日本紀』には、朝廷が井上内親王の墓を改葬して手篤く葬ったとある。後ろめたい気持ちがあったのだろう。『続日本紀』以外の文書は、読経し、井上を皇后と呼ぶようになったといい、『本朝皇胤紹運録《ほんちょうこういんじょううんろく》』は、二人が獄中で亡くなったことを、死して龍になったと記録する。『水鏡《みずかがみ》』や『愚管抄《ぐかんしょう》』は、井上内親王の祟りが藤原百川を苦しめたといい、井上内親王は「御霊信仰《ごりょうしんこう》」誕生のきっかけを作るひとりとなった。

奈良市の元興寺《がんこうじ》のすぐそばに、御霊《ごりょう》神社が鎮座し、主祭神は井上内親王だ。井上内親王と他戸親王は、祟る恐ろしい神なのである。

他戸親王が消えたことで、山部《やまべ》親王（桓武天皇）は皇太子に立つことができた。だから、他戸の祟りを恐れただろう。この恐怖心こそ、長岡京遷都最大の原因ではあるまいか。

陰謀にはめられた氷上川継

天応《てんおう》元年（七八一）四月、光仁天皇は山部親王に譲位した。こうして桓武天皇が即位したのである。

桓武天皇の母は高野新笠《たかののにいがさ》で、この女性は百済王家の末裔だ。『ヤマト王権と古代史十大事件』で述べたように、藤原氏は百済系だろう。そう考えると、藤原氏が桓武天皇にこだわった理由がはっきりとする。藤原氏は「百済系の天皇」の誕生を願い、他戸親王を抹殺したのだろう。

また桓武天皇は即位の宣命《せんみよう》の中で、天智天皇の定めた「不改常典《ふかいのじようてん》」を持ち出し、自らが天智の王家の末裔であることを強くアピールしている。藤原氏にとって、夢のような時代が訪れたのである。

ただし、天武系の氷上川継《ひがみのかわつぐ》がもう一悶着起こしている。

延暦元年（七八二）閏《うるう》正月十一日、因幡守《いなばのかみ》氷上川継が反乱を起こし、事が露顕したので逃走した。十四日、大和国葛上郡《かつらぎのかみのこおり》（奈良県御所《ごせ》市付近）で捕らえられた。

氷上川継の母親は聖武天皇の娘の不破《ふわ》内親王で、父方も天武系だった。父親の塩焼王《しおやきおう》は、橘奈良麻呂《たちばなのならまろ》の変（七五七）の時、反藤原派が擁立しようとした人物だ。とはいっても、塩焼王は節操のない人物で、恵美押勝が台頭するとこちら側に寝返り、最後は恵美押勝の乱で朝廷軍に捕らえられ、殺された。

氷上川継に対し桓武天皇は詔《みことのり》して次のように述べている。

「氷上川継はひそかに逆乱を謀《はか》ったが、事はすでに露顕した。法に従って処断するに、罪は極刑《きょっけい》がふさわしい。母・不破内親王は反逆者の近親だから重い罪に当たる。ただし、光仁上皇が亡くなられてから、まだ日が浅い。山陵の土も、まだ乾いていない。哀悼の気持ちがいっぱいで、氷上川継らの刑を論ずるに忍びない。だから、氷上川継は死を免じて遠流《おんる》に処し、不破内親王と川継の二人は淡路国に移配しろ」

しかし、『続日本紀』を読む限り、事件は子供だましの陰謀であった可能性が高い。

詳細は省くが、どうやら氷上川継は藤原四家（藤原不比等の子・藤原四兄弟が、それぞれの家の祖となった。武智麻呂《むちまろ》の「南家《なんけ》」、房前《ふささき》の「北家《ほっけ》」、宇合《うまかい》の「式家《しきけ》」、麻呂《まろ》の

「京家《きょうけ》」）の主導権争い（内ゲバといった方が、実態に近いかもしれない）に巻き込まれ、うまく利用された挙げ句、棄てられたようなのだ。しかも、桓武天皇や藤原氏の「天武系の人物は、ひとりでも多く消し去りたい」という執念が、氷上川継の悲劇を招いたようだ。藤原四家の内紛のどさくさに紛れて天武系の有力な皇位継承候補を排除してしまったのが、本当のところだろう。

また、藤原四家の中で、藤原百川や種継《たねつぐ》の式家が生き残り、北家（のちに復活するが）と京家はこの段階で、ふるい落とされてしまった。これが、長岡京で起きる事件の伏線になっている。

藤原種継暗殺事件勃発

そしていよいよ、藤原種継暗殺事件が勃発する。長岡京造営の現場で、悲劇は起きた。

延暦四年（七八五）九月二十三日の夜。造都の責任者だった藤原種継が何者かに射殺されてしまった。ちょうど桓武天皇が行幸《ぎょうこう》中の出来事だ。

藤原種継は桓武天皇の信任あつい人物で、役所の造営が遅れていたため、夜を徹して突貫工事を進めていた。そんな矢先の出来事だった。松明《たいまつ》を掲げて下知《げち》しているところを、「両箭身《りょうせん》を貫きて」と『日本紀略《にほんきりゃく》』は記す。二本の矢が突き刺さったのだ。即死ではない。翌日自宅で亡くなった。

事件はあっという間に解決した。翌日「弓の達者な舎人《とねり》（下級役人）二人」が捕まった。しかも彼らを操っていたのは、大伴継人《おおとものつぐひと》と大伴竹良《ちくら》であった。

問題は、犯行グループが皇太子を支持する役人だったことだ。この時の皇太子は、桓武天皇の弟の早良《さわら》親王である。

取り調べていくとひとりの舎人が自供し、容疑者が早良親王の身辺に大勢いることが分かった。

早良親王は、元東大寺の僧で、良弁《ろうべん》が後事を託すほどの名僧であった。なぜ立太子したのか、よく分かっていない。ただし、桓武と早良親王の父・光仁天皇が強く推した可能性が高い。問題は、早良親王が藤原氏の女性を娶《めと》っていなかったこと、藤原種継とは、反りが合わなかったらしいことだ。ここに、不思議な「ズレ」が生まれていたのかもしれない。

ただし、このあとの状況が、『続日本紀』の記事からははっきりと分からない。というのも本来記録されていた記事の多くが、何者かの手で抹消されてしまったらしいのだ。けれども事件のその後の様子は、ほぼ分かっている。『日本紀略』に、関連記事が載っているからだ。そこには、事件の黒幕が記されていた。早良親王に親しく、春宮大夫《とうぐうだいぶ》だった大伴家持《やかもち》だ。大伴家持が乱の首謀者で、早良親王をそそのかし、藤原種継暗殺計画を練ったのだという。

暗殺計画の首謀者である大伴家持は、この時東北の蝦夷征討に狩り出されていて、しかも任地ですでに亡くなっていた。

皇太子の早良親王は捕らえられ、廃太子を言い渡され、淡路国に流されることになった。ところが早良親王は自ら食を断ち、移送中の船中で没してしまった。実際には、幽閉後七日七夜、食事と水を与えられず、衰弱死してしまったらしい。事件が終息すると、桓武天皇は御子の安殿《あて》親王を皇太子に立てた。

事件には、続きがある。

延暦八年（七八九）、桓武天皇の母・高野《たかの》皇太后が亡くなり、桓武天皇の皇后・乙牟漏《おとむろ》も死んだ。翌年には天然痘《てんねんとう》が大流行し、早良親王の祟りが噂され、桓武天皇は早良親王を丁重に祀ったのである。

早良親王が祟って出たと信じられたのは、早良親王が陰謀にはめられて、罪もないのに殺されていたからだろう。そもそも、早良親王はすでに立太子をすませていたのだから、焦って事件を起こす必要もなかった。即位の順番を待っていればよかったのだ。

仮に早良親王と藤原種継が犬猿の仲としても、早良親王の側から藤原種継を排除しなければならない差し迫った動機は備わっていたとは思えない。

むしろ、藤原種継が早良親王を邪魔にしていた可能性の方が高い。藤原種継は式家を束ねていたが、従妹《いとこ》の乙牟漏が桓武天皇との間に安殿親王を生んでいた。安殿親王が即位すれば、式家が外戚の地位を獲得できる。実際、早良親王の死後、安殿親王が立太子している。早良親王が邪魔になったのは、藤原種継の方だった。

では、事件の全貌を明らかにすることは可能なのだろうか。

「その他の藤原氏」が黒幕となって式家の藤原種継を殺した？

ここで、鍵を握ってくるのが、秦氏《はた》である。

秦氏は新羅《しらぎ》系の渡来人で、山背を開拓し、山背を基盤に繁栄を誇った一族だ。桂川や鴨川は今では想像がつかない暴れ川だったが、嵐山一帯の土木工事によって、治水が行われ、あたりは豊穣の大地に変貌した。これは、秦氏の手柄である。

京都を代表する古社、伏見稲荷《ふしみいなり》神社や松尾大社《まつおたいしや》は、秦氏の神社であり、また太秦《うずまさ》の広隆寺《こうりゆうじ》も、秦氏の寺だ。京都の基礎を築いたのが、秦氏なのである。

秦氏は縁の下の力持ちだった。『日本書紀』に次の話がある。欽明《きんめい》天皇は若い頃夢を見た。ある人が次のように告げた。「秦大津父《はだのおおつち》という者を寵愛すれば、成人して必ず（欽明が）天下を治められる（即位する）でしょう」という。目がさめて秦大津父を探し、山城国紀伊郡の深草里《ふかくさのさと》（京都市伏見区、南区）で見つけた。そこでそば近くに仕えさせ厚遇すると、富み栄えたとある。

秦氏は殖産の氏族で、秦氏にまつわる多くの伝承は、「豊穣」と関わりがある。

秦氏を祀る伏見稲荷神社（上。京都市伏見区）と広隆寺（京都市右京区）

渡来系豪族は高位高官にはつけなかったが、財力で強い発言力を有したのだろう。そして、桓武天皇も秦氏を重用し、かつてない高い官位を与えている。長岡京遷都を成就するには、山背を支配する秦氏の協力が必要不可欠だったのだ。

秦氏の側にも、政権内部に深く潜り込み、閨閥《けいばつ》を形成しようとしていた気配がある。最大の成果は、桓武天皇の信任あつい藤原種継との関係だ。種継の母は秦氏だった。秦氏は長岡京遷都によって、飛躍的に発展する可能性があった。

さて、問題はここからだ。

すでに触れたように、早良親王は「藤原べったり」ではなかった。むしろ、藤原氏から見れば、危険分子であった。大伴家持が後ろ盾になり、しかも藤原の女人を娶っていない。なぜこの人物が皇太子に選ばれたのか、その意味が分からないほどだ。

東大寺の高僧だった早良親王は、藤原氏の歴史を熟知していて、「東大寺から見た藤原氏のブラックな部分」を、忌み嫌っていて、反藤原派の大伴家持に近づいた可能性も高い。

それにしても、なぜ狙われたのが藤原種継なのだろう。

こういうことではなかったか……。事件の黒幕は、「その他の藤原氏」であり、藤原氏の内紛が、大きな悲劇を招いたのではなかったか……。

藤原種継が秦氏と手を組み、長岡京遷都を成功すれば、式家の藤原種継政権が誕生するだろう。しかも、秦氏まで急成長してしまう。さらに、早良親王が順当に即位してしまえば、藤原氏に対し積年の恨みを抱いているであろう大伴氏が発言力を強めることになる。これは、多くの藤原氏にとってゆゆしき事態だった。

だからこそ、藤原内部の主導権争いが激化していて、「その他の藤原氏」は藤原種継が邪魔になったのだろう。さらに秦氏と大伴氏を一気に潰すことができれば……。そう考えた「その他の藤原氏」が、事件を仕掛けたのではなかったか。

なぜ長岡京は造営途中で棄てられたのか

残された問題は、このあとなぜ造営途中の長岡京が棄てられ、平安京に遷都をしたのか、ということだ。

その理由について、いろいろな憶測がある。

たとえば、延暦十一年（七九二）六月・八月の長岡京周辺で大洪水が起きていて、長岡京の弱点が露呈している。また、皇太后（高野新笠）・皇后（藤原乙牟漏）らの死去による死穢《しえ》の忌避《きひ》が大きな意味を持っていた可能性がある。また、長岡京造営が遅々として進まなかったこと、平安京の方が、交通の便がよかったのではないかとする説などを挙げることができる。

そして、この中のどれかひとつではなく、平安京遷都には、様々な要因が秘められていた可能性も高い。

ただ、最大の理由は、早良親王（崇道《すどう》天皇）の怨霊が恐ろしかったことだろう。ただし遷都には莫大な費用と労力がかかることから、政策的に釣り合いがとれないと一般には考えられている。もちろん史学者は、「祟りや怨霊」にあまり重点を置かないから、仕方のないことだ。

しかし、祟りや怨霊を甘く見てはいけない。

無視できないことがある。

延暦四年（七八五）十一月、安殿親王は立太子をすませるが、延暦九年（七九〇）以降しばらく、病に悩まされている。病気平癒の祈禱《きとう》も功を奏さなかった。そこで安殿親王は伊勢神宮に赴き奉幣《ほうへい》した。それでも治らなかった。延暦十一年、卜占《ぼくせん》してみると早良親王の祟りと分かった。慌てて淡路国の早良親王の墓を丁重に祀らせたのである。

当時の人びとは、長岡京の水害と安殿親王の病気の原因を、同根と考えたのではないか。古代人にとって疫病や災厄は祟り神がもたらすと信じられていたのであって、長岡京は呪われた都と考えられたのではあるまいか。すなわち、どちらも早良親王の祟りと信じ、震え上がり、やむなく北東側に都をずらさざるを得なかったのかもしれない。

第九章

藤原氏の他者排斥事件

（承和の変と応天門の変）

名門豪族たちは野に下った

平安時代といえば、『源氏物語《げんじものがたり》』を思い浮かべる。貴族たちが優雅に歌を詠み恋に生きる世界を想像しがちだ。国風文化が発展し、平和な時代が到来したとつい、錯覚してしまう。

しかし、実態はまったく異なる。雅な生活を送っていたのは「貴族」だけで、その「貴族社会」を構成してふんぞりかえっていたのは、藤原《ふじわら》氏だった。平安時代を一言で表現するなら、「藤原氏だけが富み栄える時代」といえよう。「藤原氏以外は泣いて暮らしていた時代」でもある。

藤原氏は自家の繁栄だけを追い求め、邪魔する者、抵抗する者は、罪がなくとも容赦なく排斥し続けた。

主な政変劇を挙げると、次のようになる。薬子《くすこ》の変（八一〇）、承和《じようわ》の変（八四二）、応天門の変（八六六）、菅原道真《すがわらのみちざね》左遷（九〇一）。これらの事件を経て、ヤマト建国以来続いてきた名門豪族は、ほとんどが没落していったのである。

人びとの藤原氏に対する恨みつらみは深く強かったが、口に出すこともできず、やむなく『竹取物語《たけとり》』（かぐや姫）のような説話にして、歴史の真相を後世に伝え、隠語を用いて藤原氏を罵倒したのである（拙著『おとぎ話に隠された古代史の謎』PHP文庫）。

その一方で、蘇我《そが》氏や物部《もののべ》氏、三輪《みわ》氏（賀茂《かも》氏）や阿倍《あべ》氏、そして秦《はた》氏らの末裔たちは野に下り、裏側から朝廷を脅かす存在になっていった可能性が高い。どういうことかというと、修験道《しゅげんどう》や仏教、そして陰陽道《おんみようどう》、太子信仰を駆使して、朝廷を揺さぶっていくのである。

山の宗教である修験道は、奈良盆地の吉野《よしの》や葛城山《かつらぎさん》で湧き起こった反骨の信仰である。七世紀後半に活躍し修験道の基礎を築いた役小角《えんのおづぬ》（役行者《えんのぎょうしゃ》）は賀茂氏の出身で、三輪氏と同族だった。藤原不比等《ふひと》の娘の宮子《みやこ》の母が賀茂氏の出であることは、すでに述べてある。やはり、そう考えると、藤原不比等が宮子の存在を警戒した理由も、分かってくる。

役小角は元興寺《がんごうじ》（飛鳥寺《あすかでら》）や葛城山や吉野で修行し、当初朝廷から重用されたが、やがて験力《げんりき》を恐れられ、文武《もんむ》天皇の時代、伊豆に流されてしまう（役小角は『続日《しょくに》本紀《ほんぎ》』に登場する実在の人物なのだ)。影響力を恐れられたのだろう。ちょうど藤原不比等が台頭していく時代、蘇我氏や物部氏らとつながっていたであろう役小角は、煙たがられてしまったわけだ。おかげで、修験道はアウトサイダーの信仰となっていった。

ちなみに、日本人の姓の中で、「鈴木」はトップテンに入るが、この姓は熊野の修験道と深く関わりをもつ者で、物部系の穂積《ほづみ》氏と同族である。

空海《くうかい》(弘法大師《こうぼうだいし》)の父母は佐伯《さえき》氏と阿刀《あと》氏で、前者は大伴《おおとも》氏、後者は物部氏の親族だ。すなわち空海という天才は、藤原氏の敵だったのだ。それにもかかわらず、なぜ朝廷は空海を抱きかかえなければならなかったかといえば、奈良時代から続く政争の過程で、藤原氏が罪なき人びとを殺戮《さつりく》してきたためだ。平安時代に至っても、負の連鎖は続き、政争はやまなかった。

そして、祟《たた》りに怯《おび》える為政者たちは、「鬼を退治できる鬼」を求めた。この場合「鬼」は、「退治される側の鬼と同類」であった方が、効果は大きい。だからこそ、旧政権の有力者の末裔たちは、山に籠もり、森の中から藤原政権を呪い、その一方で、「祟る神を調伏してみせましょう」と持ちかけ、朝廷はこれに飛びついたのだ。

陰陽師・安倍晴明《あべのせいめい》も、飛鳥時代に繁栄を誇った阿倍氏の末裔で、事情はよく似ている。

薬子の変勃発

平安時代は呪われている。末法思想も信じられるようになって、貴族たちは「せめてわれわれだけでも救われたい」と願い、祈り、有り余る財を用いて寺を建てた。だから（個人的な意見だが）藤原道長《みちなが》の子・頼通《よりみち》の建立した宇治《うじ》平等院《びょうどういん》は好きになれないし、事実平安時代の仏教美術は、堕落し退廃している。やがて一段低く見られていた奈良の仏師の中から運慶《うんけい》・快慶《かいけい》という天才が現れるのは、「平安時代の反動」とみなすことができる。

平安時代、藤原氏は一党独裁体制を固めることに必死だった。生き残っていた他の貴族を次々に追い落とし、藤原道長の時代には、「欠けることもない望月《もちづき》（満月）」と豪語し、「錐《きり》をさし込む余地もないほどの土地を藤原氏が独占した」と、批難されるに至るのである。

いったい藤原氏は、どのようにして繁栄を築いたのだろう。そこで、平安時代の「事件」を、いくつか拾い上げてみよう。まずは、薬子の変（八一〇）である。

薬子の変の主役のひとりは第五十一代平城《へいぜい》天皇で、桓武《かんむ》天皇と藤原乙牟漏《おとむろ》（式《しき》家《け》）の間の子だ。早良親王《さわらしんのう》が亡くなって皇太子になった安殿《あて》親王である。桓武天皇崩御《ほうぎょ》を受けて、大同《だいどう》元年（八〇六）に即位し、疲弊した財政の建て直しに着手している。

ただし、平城天皇の立場は不安定だった。桓武には大勢の皇子がいて、それぞれの皇子をあと押しする藤原氏内部の主導権争いが激化していたからだ。

即位の翌年、伊予《いよ》親王の変が勃発している。伊予親王は桓武天皇の第三子で、母は藤原吉子《よしこ》（南家《なんけ》）だ。伊予親王は謀反の疑いをかけられ川原寺《かわはらでら》（弘福寺《ぐふくじ》）に幽閉された。すると伊予親王と母の吉子は絶食し、毒をあおって自害して果ててしまったのだ。のちに無罪だったことが分かっているから、事件は陰謀だったのだろう。

おそらく、藤原式家と南家の内ゲバだ。

すでにこの段階から、壮絶な藤原氏の権力闘争が始まっていたのだ（藤原種継暗殺事件は、もっと早かったが）。そしていよいよ、薬子の変が勃発する。

平城天皇は大同四年（八〇九）に発病した。天皇はこの病を伊予親王と叔父・早良親王の祟りと考えた。そして、皇位を譲れば快癒《かいゆ》すると信じ、同母弟に譲位する。こうして同年四月即位したのが、嵯峨《さが》天皇（桓武天皇の第二子）である。

平城は上皇となり、十二月に平城宮に移った。すると今度は嵯峨天皇が病気がちになり、弘仁《こうにん》元年（八一〇）には、朝賀《ちょうが》も廃止された。ここで健康になった平城上皇が、余計なことを始める。藤原種継の娘の薬子とその兄の藤原仲成《なかなり》と手を組み、重祚《ちょうそ》（一度譲位した上皇がふたたび即位すること）を目論んだのだ。薬子は人妻であったが、平城は東宮《もうけのきみ》（皇太子）の時代から寵愛していたのだ。藤原仲成も、平城と薬子の関係を利用して出世しようと目論んだ。

同年九月、平城上皇は独断で平城京遷都を宣言してしまう。諸司も分断され、混乱した。けれども分が悪くなった平城上皇は、薬子とともに東国に赴き、挙兵しようと企てる。しかし、現在の奈良市帯解《おびとけ》付近で朝廷の差し向けた兵に行く手を遮られ、平城宮に戻り、上皇は出家、薬子は自害して果てた。

この事件、藤原種継暗殺後勢力を弱めていた式家の巻き返しではないかと疑う説もあるが、それともうひとつ、平城のご乱心の可能性も高い。

承和の変で外戚の地位を獲得した藤原北家

次に起きた事件は、承和九年（八四二）の承和の変で、藤原北家《ほっけ》が急速に力をつけるきっかけとなった。仕掛け人は、北家の藤原良房《よしふさ》である。

ちなみにこの時代、桓武天皇の息子たちが、順繰りに即位している。その即位した天皇たちの、どの子供が次の王統をつないでいくか、その争いが、この時代の混乱の原因となっていく。

さて、弘仁十四年（八二三）、嵯峨天皇は譲位し淳和《じゅんな》天皇が即位する。淳和天皇は桓武天皇の第七子で、母は藤原百川《ももかわ》（式家）の娘・旅子《たびこ》だ。その淳和天皇は天《てん》長《ちょう》十年（八三三）に嵯峨上皇の子に譲位する。これが仁明《にんみょう》天皇で、皇太子に立てられたのは、淳和の子・恒貞《つねさだ》親王（母は嵯峨天皇の皇女正子《まさこ》内親王）だ。そして、嵯峨上皇による大家父長《かふちょう》的支配によって、三十年間、政権は安定した。

そうこうしているうちにめきめき力をつけてきたのは藤原良房だった。嵯峨上皇と皇太后の橘《たちばなの》嘉智子《かちこ》（檀林《だんりん》皇太后。橘奈良麻呂《ならまろ》の孫）に寵愛されたのだ。この縁で、藤原良房の妹は仁明天皇に入内《じゅだい》し、中宮《ちゅうぐう》となり子を生む。これがのちに文徳《もんとく》天皇になる道康《みちやす》親王であり、もちろん藤原良房は、道康親王の即位を画策した。

藤原良房の野望に淳和上皇と子の恒貞親王（皇太子）は、危機感を抱いていた。身の危険を感じ、皇太子を辞退しようとするほどだった（普通なら藤原良房を潰しにかかるのだろうが、それほど良房は恐ろしかったのだろう）。そんなおり、承和七年（八四〇）に淳和上皇は崩御。恒貞親王に仕える東宮坊の帯刀舎人《たてわきとねり》伴健岑《とものこわみね》と盟友の橘逸勢《はやなり》は、恒貞親王に危険が迫っていると危惧し、気をもんだ。そして承和九年に嵯峨上皇が崩御し、「おさえ」がなくなった。

上皇崩御の二日後、仁明天皇は六衛府《ろくえふ》の軍団をくり出し、帯刀舎人伴健岑と橘逸勢とそのグループを捕縛《ほばく》した。上皇崩御の八日後には、近衛《このえ》の兵四十名が皇太子の恒貞親王の座所を包囲し皇太子の地位を剝奪し、帯刀舎人伴健岑ら東宮坊の官人ら一味を謀反人として断罪した。

帯刀舎人伴健岑は隠岐《おき》に流され、橘逸勢は「非人」として伊豆に流されるも、途中で亡くなった。

こうして、藤原良房の思惑通り、道康親王が皇太子に立った。良房は、大納言に出世した。

皇太子の恒貞親王が追放されたことで、北家繁栄の基礎が築かれた。橘逸勢は、その後無罪であることが分かり、御霊会《ごりょうえ》で祀られることとなる。藤原氏が逸勢の祟りを恐れたのは、橘逸勢が無実の罪で断罪されたからだろう。

藤原北家は、ここに外戚の地位を手に入れ、繁栄の糸口をつかんだ。のちに摂関家になるのが、北家である。

これが、藤原氏による他氏排斥の最初の事件と通説はいうが、すでに中臣鎌足《なかとみのかまたり》、藤原不比等の時代から、藤原氏はヤマト豪族と皇族の血を吸って成長してきたのである。

応天門の変で息の根を止められた名門豪族

藤原良房は、天安《てんあん》元年(八五七)に文徳天皇のもとで、左大臣を経験しないまま太政大臣に昇りつめる。藤原仲麻呂が「大師《だいし》(太政大臣)」になって以来の快挙だ。もともと大友皇子《おおとものみこ》や高市皇子《たけちのみこ》ら、皇族が立っていた地位を、藤原良房は「外戚の立場」を利用して、手に入れたのである。

藤原北家は、ここから徹底的に政敵を潰しにかかっていく。貞観《じようがん》八年（八六六）の応天門の変によって、古代豪族の生き残りは、完璧に息の根を止められるのである。

この年、閏《うるう》三月、内裏《だいり》朝堂院《ちようどういん》の南側の応天門が炎上した。原因は定かでなかった。失火なのか、放火なのか、分からない。しかし治安の乱れを恐れた太政大臣・藤原良房は、やや大仰に、各地に警戒を怠らないように通達した。

その直後、大納言・伴善男《とものよしお》（「伴」は「大伴」）が、右大臣で良房の弟の藤原良相《よしみ》に、今回の失火は左大臣 源 信《みなもとのまこと》の仕業であったと訴え出た。どうやら伴善男と源信は不仲だったらしい。

ちなみに伴善男は、藤原種継暗殺事件の実行犯・大伴継人《つぐひと》の孫だ。伴善男の父・大伴国道《くにみち》は、藤原種継暗殺事件に連座して佐渡に流されたが、のちに恩赦で都にもどり、参議に抜擢《ばつてき》されていた。さらに余談ながら、大伴氏が「伴」を名乗るようになったのは、淳和天皇の名が「大伴」で、同じ名を名乗るのを憚《はばか》ったからだ。それはともかく……。

さっそく藤原良相は良房の養子・基経《もとつね》に源信逮捕を命じた。だが基経は、まず養父の良房に判断を仰いだのだ。

良房は驚き、左大臣源信の無実を信じ、伴善男の訴えは讒言《ざんげん》にほかならないと清《せい》和《わ》天皇に諫言《かんげん》し、年若い天皇は良房の言葉に従い、事件は一度収まった。

ところがそれから五ヶ月後の八月、意外な方向に事態は動く。

大宅鷹取《おおやけのたかとり》という人物が、応天門の炎上は、伴善男とその子らが放火したものだ、と密告してきた。大宅鷹取は伴善男の従僕に子女を殺され、恨みを抱いていた人物だ。

伴善男は捕らえられたが、罪状を否認した。

この時天皇は、良房に事件の始末を委ね「天下の政《まつりごと》を摂行《せっこう》させた」。ここに藤原北家は、「摂政《せっしょう》」の役職を手に入れたのである。

良房は伴一族だけではなく、事件には関わりなかったはずの紀氏らも「共犯者」として捕らえ、厳しく糾問《きゅうもん》した。しかし、誰も口を割らなかった。尋問は長引き、なかなか真相をつかむことはできなかった。そもそも、事件はでっち上げであろうから当然のことだ。

九月の末に、朝廷は事件を裁決した。伴一族と紀氏の面々計八名は、遠流《おんる》の刑に処せられた。

藤原氏が邪魔で邪魔で仕方なかった二つの名門氏族は、息の根を止められたのである。

こうして、藤原氏だけが生き残ったのである。

藤原不比等をコケにした『竹取物語』は紀貫之が記した？

日本最古の物語『竹取物語』の作者ははっきりと分かっていないが、紀貫之《きのつらゆき》ではないか、とする説がある。

紀貫之は応天門の変（八六六）と同じ年に生まれたようだが（あるいは八七二年）、貫之が成人する頃、すでに紀氏は没落していたから、「文芸の道」に進まざるを得なかった。紀貫之は延喜《えんぎ》五年（九〇五）に醍醐《だいご》天皇の命令で『古今和歌集《こきんわかしゅう》』を編纂するなどの功績を残しているが、一族の藤原氏に対する怨みを、一身に背負い、『竹取物語』を記していた可能性は高い。『竹取物語』は、ピンポイントで藤原不比等を罵っている。

江戸時代の国学者・加納諸平《かのうもろひら》は、かぐや姫に求婚する五人の貴公子は、『公卿補任《くぎようぶにん》』（古代の閣僚名簿）に記された文武五年（七〇一）の五人の閣僚そのものだと指摘した。ただし、四人の閣僚と『竹取物語』の登場人物は、確かにそっくりなのだが、藤原不比等だけ、『竹取物語』に登場する「くらもちの皇子」と、ぴったりとあてはまらない。藤原不比等の母が「車持氏《くるまもち》」の出なのだが、「くるまもち」と「くらもち」が、似ているけれども、「そのまま」ではない。だから史学者たちは、「無理に結びつける必要はない」と判断する。しかし、藤原不比等だけが、モデルとぴったりと合致しないところに、むしろ作品の意図を感じずにはいられない。

「くらもちの皇子」は『竹取物語』の中で、もっとも卑怯な人物として登場している。「くらもちの皇子」は嘘をついて、人を傷つける。かぐや姫に求婚するが、かぐや姫はいやでいやでたまらないと告白する。藤原全盛期の平安時代、藤原不比等をコケにした物語が朝廷に知られれば、命はなかっただろう。

物語の中で「くらもちの皇子」は「たばかりある人にて（謀略好き）」と紹介され、かぐや姫に要求された「蓬萊《ほうらい》の玉の枝」を取りに蓬萊山に行くように見せかけて、工人を集め、お宝を造らせている。そうしておいて、あたかも蓬莱山から帰ってきたように見せかけて、かぐや姫を訪ねる。竹取翁《おきな》は喜び、閨《ねや》の支度をするが、かぐや姫は悲しくて胸が張り裂けそうだった。そこに工人たちが現れ、「くらもちの皇子」が工賃を払ってくれないと訴え、かぐや姫に代金を請求した。かぐや姫は喜んで金を払い、工人たちは帰って行くが、「くらもちの皇子」は工人たちを待ち伏せし、殴りつけ、工賃を奪ってしまう。

このように、「くらもちの皇子＝藤原不比等」は最低の人物に描かれている。すなわち、藤原不比等と藤原氏を糾弾するための物語が『竹取物語』で、だからこそ、『竹取物語』の作者は「くらもちの皇子」と藤原不比等を、そっくりではないが似ている関係に仕立てたのだろう。

そして、藤原氏を「文学」を通じて批判した天才こそ、藤原氏に恨みを抱いている紀貫之だったと考えられるのである。

かぐや姫に求婚する貴公子の中で、唯一「いそのかみまろたり」だけは、同情的に記されている。この人物は平城京遷都に際し、藤原不比等の陰謀によって旧都の留守役にされ棄てられた石上《いそのかみの》（物部）麻呂《まろ》そのものだ。

奈良時代から平安時代にかけての藤原氏の悪行を見ていれば、悪口のひとつやふたつ、いいたくなるのは当然のことだ。

菅原道真出世の遠因は阿衡事件

さて、藤原氏は最後の敵も、陰謀で追い払っている。それが、菅原道真である。

菅原道真は詩才に秀で、文章《もんじよう》学者となり、仁和二年(八八六)には、明晰な判断力を買われ、讃岐守《さぬきのかみ》となって活躍した。

菅原氏は土師《はじ》氏の同族で、土師氏は第十一代垂仁《すいにん》天皇の時代に出雲《いずも》からヤマトにやってきた野見宿禰《のみのすくね》の末裔だ。彼らは出雲国造家《こくそうけ》の流れをくんでいたのである。

大伴氏や紀氏が没落し、藤原氏ひとり勝ちの時代に、菅原道真は頭角を現し、藤原氏と競り合うようになったが、その理由ははっきりとしている。

奈良時代から平安時代にかけて、突発的に暴走する天皇が現れた。最初の例が聖武《しようむ》天皇で、次に称徳《しようとく》天皇だ。彼らは「藤原の子」でありながら、その一方で「天武《てんむ》の子」となって、藤原氏と暗闘をくり広げたのだ。

その後、暴走する天皇の家系を調べてみると、ひとつの傾向が読み取れる。それは、「藤原の箍《たが》がはずれていた」ことなのだ。母親が藤原ではない、あるいは摂関政治体制の時であれば、摂関家が外戚の地位からはずれた時、必ずといっていいほど、暴走する天皇が現れたのだ。

それはなぜかといえば、天皇家の潜在意識の中に、「藤原から逃れたい」という本能的な気持ちが流れていたのか、あるいは、藤原氏の圧力が弱まった時、反藤原派が一気に集まり、「藤原の箍がはずれた天皇」を後押しするからではないかと思えてくる。

聖武天皇と称徳天皇の母親はどちらも藤原の出だが、「賀茂《かも》や県犬養三千代《あがたいぬかいのみちよ》の要素」を組み込めば、純粋な藤原の女でないことが分かる。これはすでに記した通りだ。しかも藤原四兄弟の滅亡によって、藤原の縛りは消えていたのである。

菅原道真の場合、道真を寵愛した宇多《うだ》天皇が、まさに「藤原の箍がはずれた天皇」だったのだ。

以下、道真の出世と挫折のいきさつを追ってみよう。

道真出世のきっかけになった遠因は、仁和三年(八八七)に起きた阿衡《あこう》事件だ。

事件はやや複雑な経過を辿《たど》る。

まず、藤原良房の養子・基経が暗躍し、敵対する勢力が担ぎ上げた幼帝を廃帝にし、傀儡《かいらい》になる老帝・光孝《こうこう》天皇を即位させた。

ところが老帝が崩御してしまい、混乱が起きた。そして光孝天皇の第七子が即位してしまった。宇多天皇の誕生である。

これが、藤原氏には痛手だった。一度は臣籍降下《しんせきこうか》し源定省《みなもとのさだみ》を名乗っていたこの人物は、「藤原の子」ではなかったからだ。母親は桓武天皇の孫だ。ここで藤原氏は久しぶりに、外戚の地位を追われてしまったのである。

ここで宇多天皇と藤原基経の間に、いさかいが起きる。

宇多天皇は、基経に対し、政務を一任する趣旨の詔書を発したが、「阿衡（役職名）」の二文字で表現したため、基経の機嫌を損ねてしまったのだ（臣下の者が「機嫌を損ねた」というのも、奇妙な話だが）。

「阿衡」とは、中国の殷《いん》の時代の人・伊尹《いいん》が任じられた役職だ。具体的な職掌ではないし、日本では前例がない。すでに「関白《かんぱく》」の地位を得ていた基経は、不満だったようだ。

そこで基経は政務を放棄し、多くの学者を巻き込んで、「阿衡」の何たるかをめぐる議論が巻き起こった（ねちっこい）。半年間の紛糾ののち、ついに宇多天皇が基経に謝ったのである。

勝者は基経だった。基経が死ぬまで、宇多天皇は思い通りに政務をこなせなかった。しかし、これがまずかった。宇多天皇の恨みは深く、その後の藤原氏には、マイナスになったのである。

そして、宇多天皇の鬱屈《うっくつ》した思いが、菅原道真の運命を変えていく。

陰謀にはめられた菅原道真

寛平《かんぴょう》三年（八九一）に基経が死ぬと、宇多天皇は親政を始める。そして、ここで大抜擢したのが、菅原道真だった。この点菅原道真の出世は、じつに因縁めいていたことが分かる。

菅原道真は、やがて基経の子・時平《ときひら》とともに、出世街道を昇り始めた。大臣不在の中、時平は大納言、道真は権大納言の地位を得たのである。

宇多天皇は、藤原氏に対抗するために、道真を登用したわけだ。しかも四人の源氏を太政官に引き入れた。「源氏」や「平氏」といえば、「武士」を連想しがちだが、もともとは臣籍降下した「元皇族」であり、藤原氏に対抗するには、彼らを増やしていく必要があったのだ(それだけ、大伴氏ら有力な旧豪族が、「絶滅危惧種」になってしまったということでもある)。

もちろん時平は、危機感を抱いた。菅原道真の娘・衍子《えんし》が、女御《にようご》として宇多天皇に輿入れしたことも、しゃくに障っただろう。

寛平九年(八九七)、宇多天皇は敦仁《あつひと》親王(醍醐《だいご》天皇)に皇位を譲り上皇となる。さらに昌泰《しようたい》二年(八九九)、時平は左大臣、道真は右大臣に任ぜられ、また上皇は出家し法皇となる。

藤原時平の反撃は、このあたりから始まる。菅原道真のピンチである。

菅原道真は貴種でなかったから(ようするに藤原でない)、この男の出世に、多くの貴族が不満を抱いたし、「学閥《がくばつ》」の妬みも生まれた。四面楚歌《しめんそか》といっても過言ではない。

延喜元年(九〇一)、藤原時平は大納言源《みなもとの》光《ひかる》を囲い込み、醍醐天皇を籠絡《ろうらく》する。道真が天皇を廃そうとしている、と吹き込んだのだ。

醍醐天皇は年も若く、すんなり時平の讒言を信じた。道真を批難し、大宰権帥《だざいごんのそち》を命じた。有り体にいえば、九州大宰府への左遷である。

その五日後、宇多法皇は菅原道真を救おうと、直接醍醐天皇に会って事件が時平の陰謀であることを伝えようとするが、官人、衛士《えじ》らに阻止された。

こうして、道真は九州に下向したのだ。

ただし、実際には左遷ではなく、流罪に等しかった。家族はみな方々に追いやられ、散り散りになり、それぞれの場所で幽閉され、悲惨な生活を送った。

都人を震え上がらせた菅原道真の祟り

菅原道真といえば、次の歌が思い出される。

東風《こち》吹かばにほひおこせよ梅の花あるじなしとて春を忘るな

都を離れる時に歌ったものだが、このののち大宰府では、筆舌に尽くしがたい辛苦を味わっている。さぞかし藤原時平らを恨んでいたにちがいない。

平田耿二《こうじ》は『消された政治家・菅原道真』（文春新書）の中で、菅原道真は改革派で、あと一歩のところで、大きな成果が出せるところまできていたにもかかわらず、道真を追い払った藤原時平が、その事業を継承し、手柄をすべて横取りしてしまったと指摘している。

このパターン、蘇我入鹿《いるか》殺しの中臣鎌足とよく似ている。藤原氏の得意技だ。当然、彼らは菅原道真に対し、後ろめたい気持ちがあっただろう。だから、都で何か異変が起きるたびに、「すわ、道真の怨霊」と震え上がった。しかも、あまりにもできすぎた「不幸」が都を襲ったので、恐怖のどん底にたたき落とされたのである。

まず、醍醐天皇の周辺で、異変が起きる。菅原道真追い落としに加担した者に、ピンポイントで、災禍《さいか》が降りかかり始めたのである。

菅原道真が亡くなって五年後の延喜八年（九〇八）藤原菅根《すがね》が変死。翌年、疫病《か》が広まり、三十九歳の若い藤原時平が、死んだ。『扶桑略記《ふそうりやっき》』によれば、病床で加持祈禱《じきとう》をすると、時平の耳から龍に化けた菅原道真が現れ、祈禱をやめさせた。すると時平の容態は悪化し、死んだという。

ここから十数年、都周辺で天変地異が相次ぐ。延喜十三年（九一三）、菅原道真の後釜に納まった右大臣源光が死に、延喜二十三年（九二三）、醍醐天皇の子で皇太子だった保明《やすあきら》親王が二十一歳で亡くなる。人びとは口々に、「菅帥《かんそち》の霊魂宿忿《しゅくふん》のなす所なり」と、噂し合った。ついに、災禍は菅原道真の仕業と、大騒ぎになったのである。醍醐天皇は菅原道真左遷の詔《みことのり》を棄て、正二位を贈って右大臣に復帰させた。

菅原道真を描く錦絵『皇国二十四功』

こんなことでは、菅原道真の気持ちは収まらない。延長《えんちょう》三年（九二五）、保明親王と藤原時平の娘の間に生まれた慶頼《よしより》王が、すでに立太子をすませていたのに、五歳で早逝した。延長八年（九三〇）六月二十六日、黒雲が都を覆い、清涼殿《せいりょうでん》に雷が落ちた。道真追い落としに一枚嚙《か》んだ大納言藤原清貫《きよつら》、右中弁平希世《たいらのまれよ》らが即死。醍醐天皇もショックで寝込み、三ヶ月後に崩御。

藤原時平の末裔が、狙い澄ましたかのように死んでいったことについて『大鏡《おおかがみ》』は、「あさましい悪事《まがごと》を働いたから」と断言し、菅原道真の祟りにほかならないと、断言している。

朝廷は北野天神《きたのてんじん》を建立し、菅原道真を丁重に祀るようになる。

今でこそ学問の神として多くの学生に親しまれる菅原道真も、当時は日本を代表する祟り神とみなされていたのだ。

それにしても、藤原氏の「権力者になるためには何でもやる」「藤原氏以外の者は、みな排除する」というやり方、どうにも理解できない。藤原氏のおかげで、日本人は不幸になった。そして、鎌倉時代、武士が台頭し、それまで蓋をされていた藤原氏に対する民の恨みつらみが爆発し、闊達《かったつ》な中世へとつながっていくのである。

第十章

院政の始まり・源平合戦

源氏と平氏が生まれた理由

平安時代を締めくくるのは源平合戦《げんぺいかっせん》だが、その背景を探っていくと、平安時代の意外な歴史が浮かび上がってくる。

藤原《ふじわら》氏は武士を見下し、利用し続けたが、最後の最後に、武士が鬱憤を晴らすかのように、朝廷を圧倒してしまうのだ。

この平安時代の歴史を解く鍵を握っていたのが、源氏《げんじ》と平氏《へいし》（平家）である。

そもそもなぜ源氏と平氏が生まれたのだろう。

源氏と平氏はどちらも天皇家の末裔だ。桓武《かんむ》天皇の時代、一世皇親（皇子《みこ》や皇女《ひめみこ》）を臣籍降下《しんせきこうか》させる政策がとられ、葛原《かずらはら》親王の子（二世王）に「平」の姓が下賜《かし》された。こののち、原則として一世王に「源」、二世王に「平」の名が与えられるようになる。すなわち、皇族が臣籍降下して、源氏や平氏を名乗ったのである。だから、祖の天皇の名を冠して、桓武平氏や清和《せいわ》源氏、村上《むらかみ》源氏らが登場した。もちろん彼らは、桓武天皇、清和天皇、村上天皇の末裔なのである。

源氏の場合、「祖先＝起源、源が天皇であったことを忘れないように。誇りを保つために」と、「源」の姓を授かったとされている。

ではなぜ、臣籍降下したのだろう。一般的には、朝廷の財政が悪化し、多くの皇族を養えなくなったからとされている。もちろん、間違っていないが、もうひとつ大きな原因があるように思う。それは、藤原氏が皇族を減らしたかったからだろう。

平安時代の藤原氏が権力を得たのは、天皇の外戚になったからだ。律令を思い通りに解釈し、天皇を思い通りに動かすことで、いざとなれば、「これは天皇の命令だから」と、律令に違反してでも、藤原氏はわがままを通せた。さらに、蔭位制《おんいせい》によって、官位の格差は固定化された。高位高官の子供は、自動的に高い地位の役職につけるというシステムだ。この制度によって、藤原氏が朝堂を独占し、高い官位を世襲することが可能となった。

藤原氏にとって恐怖だったのは、外戚の地位を追われることだ。当時もっとも可能性が高かったパターンは、「皇族の母を持つ皇子が即位すること」であった。天皇のキサキの中で、皇族の地位はもちろん高かった。聖武《しょうむ》天皇が光明子《こうみょうし》を正妃に立て、皇族のキサキをもたなかったのは、藤原氏の「ずる賢い手口」であって、何がなんでも「藤原の子を天皇にする」という執念だった。皇后の地位を皇族に奪われれば、生まれ落ちた子が、もっとも有力な皇位継承候補になってしまう。そこで、皇族のキサキを持たせなかったのだ。

すなわち、なぜ皇族を臣籍降下させたかといえば、藤原氏のキサキがつねに優位な場所に立っていられるように、ということだろう。

源氏や平氏は、公家《くげ》になる者、武士になる者に分かれた。たとえば、「源氏」と聞くと、甲冑を着込んだ武士を思い浮かべるが、公家になった「源氏」の方が、数は多い。

問題は、源氏や平氏が東国に進出したことだ。そして、東国の源氏と平氏が、なぜか奇跡的な活躍をすることである。

どういうことか、説明していこう。

無法地帯と化した関東

関東武士というと、つい源氏を思い浮かべてしまう。源氏は東で、平氏は西というイメージが強いのだ。しかし、最初に関東に地盤を築いたのは、平氏だった。寛《かん》平《ぴょう》元年（八八九）、葛原親王の孫・高望《たかもち》王が平姓を下賜され、上総介《かずさのすけ》に任ぜられたのが始まりだ。最初の平氏が高望王であり、関東に遣わされたのだ。そして十世紀まで、関東は平氏で埋まった。源氏が関東に勢力を広げていくきっかけは長元《ちょうげん》元年（一〇二八）に平忠常《たいらのただつね》が安房《あわ》国主の平惟忠《これただ》を焼き殺してしまう事件が起きた（平忠常の乱）からだ。朝廷は甲斐守《かいのかみ》の源頼信《みなもとのよりのぶ》を差し向け、平忠常を屈服させた。これからあと、源氏が勢力を伸ばし、関東の平氏の一部は、伊勢に向かい、伊勢湾沿岸を拠点にして栄えていった。これが伊勢平氏で、のちに平清盛《きよもり》が生まれている。

このように、源氏と平氏は国司や追討使《ついとうし》に任命され、関東に下り、乱の平定を命じられ、辺境軍事貴種となり、武士になっていく。なぜ、天皇家の末裔が、関東に差し向けられたのだろう。なぜ、中央の貴種だった彼らが、武器を携えて関東に下ったのだろう。

九世紀後半の関東は、無法地帯だった。治安の悪化は目を覆うばかりで、俘囚《ふしゅう》や群党の蜂起が相次いだ。俘囚とは、東北蝦夷《えみし》のことで、恭順してきた彼らを日本各地に移送し、分割統治したのだ。朝廷は俘囚を警察や軍事力の補完機能として利用しようと考えた。ところが、関東で俘囚は暴れ出した。承和《じようわ》十五年（八四八）、上総国で丸子廻毛《まりこのつむじ》が反逆し、坂東《ばんどう》五ヶ国の軍団を率いてようやく平定している。貞観《じようがん》十二年（八七〇）には、同じ上総国の俘囚が暴れ回っている。その後も俘囚は争乱を起こし、朝廷は「俘虜《ふりよ》の怨乱《おんらん》」と表現した。俘囚たちが恨みを抱いていることを、認識していたわけである。

蝦夷征討はすでに終わっていて、朝廷の軍団は解体されたあとだから、関東を抑え込むことはできなくなってしまったのだ。

俘囚の反乱は、他の群党の動きを活発化させた。九世紀末には、国衙《こくが》（朝廷の出先機関）の軍事力では抑えられないようになっていた。流通網をおさえられ、物資はことごとく略奪される有様だった。

やがて、「僦馬《しゆうば》の党」と呼ばれる富裕層が現れた。彼らは国衙が集めた運送業者だったが、群党から身を守るために武装し、逆に彼らが、無法者になって群党の真似事を始めたのだ。

九世紀末には、物部氏永《もののべのうじなが》なる者が蜂起し関東、信濃《しなの》、甲斐で、十年にわたって暴れ回った。もうこうなると、やりたい放題である。

ところが、平氏や源氏が関東に赴いた瞬間、なぜか治安は回復してしまうのだ。平氏や源氏は、ほとんど武力を用いていない。それにもかかわらず、国司らが手を焼いた関東の荒くれどもは、掌を返したように、恭順してしまう。

水戸黄門《みとこうもん》の印籠のように、「われわれは天皇家の末裔だ」と、平氏や源氏が権威だけで関東の荒くれどもを圧倒したのだろうか。

ここに、歴史の闇が隠されている。平氏と源氏の秘密である。

蝦夷征討とは何だったのか

平氏と源氏は、なぜ関東の荒くれどもを束ねることができたのだろう。

ここで確認しておきたいのは、蝦夷征討がなぜ始まったのか、ということである。

『日本書紀』が、「東国には野蛮でまつろわぬ蝦夷が住んでいる」と記したこともあって、別の民族が住んでいると信じられていた。ところが、次第に東北地方に大量に移民が入植し血の交流が進んでいたこと、「人種」という点に関していえば、ほとんど差はないことが分かってきた。さらに、東北とヤマト朝廷が共存していた可能性も高くなってきた。たとえば、七世紀の飛鳥の朝廷と東国の蝦夷たちは、良好な関係を保っていたことが、『日本書紀《にほんしょき》』にも記されている。飛鳥の地で、盛んに蝦夷たちを饗応している記事が残されている。

蝦夷征討が本格化するのは、八世紀以降のことなのだ。これは、藤原氏が権力を握っていく時代に重なっている。ここに、大きな意味が隠されている。

『続日本紀《しょくにほんぎ》』和銅二年（七〇九）三月六日の記事に、陸奥《むつ》と越後《えちご》の二国の蝦夷には、抱き続ける野心があり、これを馴らすことはむずかしいこと、良民に危害を加えているから、遠江《とおとうみ》、駿河《するが》、甲斐、信濃、上野《こうずけ》、越前《えちぜん》、越中《えっちゅう》で徴兵し、将軍が任命されたという。ここに本格的な蝦夷征討が始まる。

蝦夷征討は当初、なかなか効果を現さなかった。遠征軍の士気の低下は甚だしく、なかなか蝦夷を屈服させることはできなかったのだ。それもそのはず、東北に送り込まれた大伴氏らは、真剣に蝦夷と闘うつもりはなかったようなのだ。そのことがよく分かるのが、宝亀《ほうき》十一年（七八〇）の伊治呰麻呂《これはりのあざまろ》の乱である。

伊治呰麻呂は夷俘《いふ》（朝廷側に靡《なび》いた蝦夷）で、朝廷軍側に立っていた。しかし実際には、深く朝廷を恨んでいた。そこで反乱を起こしたのだが、大伴真綱《まつな》は殺さず、多賀城《たがじょう》に護送し、さらに石川浄足《いしかわのきよたり》も逃がしてしまった。大伴氏と石川（蘇我）氏といえば、藤原氏の敵だった氏族だ。なぜ伊治呰麻呂は、二人を助けたのだろう。

大伴氏らは蝦夷と通じていたのではないかとする説がある。十分考えられることで、それはなぜかといえば、そもそも東北蝦夷征討が、藤原氏による「夷《い》をもって夷を制す戦い」であり、旧豪族を痛めつけるための戦争だったからだろう。

藤原氏のために働いた源氏と平氏

どういうことか説明しよう。

すでに述べたように、都で不穏な空気が満ちると、朝廷は東に抜ける三つの関を閉め、東国に謀反人が逃れることを防いだ。西側を警戒せず、なぜ東側だけなのかといえば、藤原氏の政敵の多くが、東国とつながっていたからだろう。

聖武天皇が藤原氏に対抗するために関東行幸《ぎようこう》を敢行したのは、大海人皇子《おおあまのみこ》（天《てん》武《む》天皇）の壬申《じんしん》の乱（六七二）の足跡をなぞったからなのだが、なぜ大海人皇子が東国に逃れて大勝利を収めたかといえば、大海人皇子が親蘇我派で、蘇我氏は尾張《おわり》氏や阿倍《あべ》氏ら東国に縁の深い人びととつながっていたからである。

藤原氏は東国を恐れていたのだ。だから、東国の軍団を東北に差し向けることで、東国の弱体化を図った。大伴氏や石川（蘇我）氏が東北に差し向けられたのも、同じ理由からだろう。大伴氏も東国や蝦夷とはつながっていたから、戦意がなかったのは、当然のことである。

このような蝦夷征討の裏事情が飲み込めてくると、関東が無法地帯になった理由と、平氏と源氏が送り込まれただけでなぜ関東の群党や俘囚はおとなしくなったのか、その理由がはっきりと分かる。

平氏と源氏は、もともと好きこのんで関東に赴いたのではあるまい。彼らは藤原氏に邪魔にされ、都を追い払われた被害者であり、藤原氏を面白く思っていなかっただろう。この「藤原が嫌い」という感情は、関東のならず者たちと共通していたのではあるまいか。

関東に連れて来られた俘囚は、藤原氏の仕掛けた蝦夷征討を心底憎み、だからこそ暴れ回ったのだろうし、関東の人間にしても、「夷をもって夷を制す」という政策のために、無理矢理狩り出され、東北の蝦夷と闘わされたのだ。俘囚同様、憎かったのは藤原氏だった。とすれば、なにも、平氏や源氏と闘う必要はない。両者が闘っても、それこそ藤原氏が都で高みの見物をしているだけだ。平氏と源氏は、この図式が分かっていたから、関東のならず者と手を組み、武士となって、勢力を拡大する道を選んだのだろう。

平安時代、貴族（藤原氏）の時代の幕切れが、武士の台頭によってもたらされたのは、このような事情と無関係ではない。

ただし、しばらくの間、平氏と源氏は、成り行き上藤原氏の領土拡大の手助けをする形になる。それが、荘園《しょうえん》である。

律令制度は私地私民を禁じ、戸籍を作り、耕地を公平に分配する制度だが、一種の共産主義で、制度疲労が起きるのは時間の問題だった。土地を手放す者や借金に苦しむ者が登場し、貧富の差が生まれた。十世紀になると朝廷は、あてにならなくなった戸籍を無視し、土地を把握することに重点を置いた。有力な百姓（堪百姓《たんぴゃくしょう》）

に土地を預け耕作権を与え、そこから年貢課役《ねんぐかえき》を徴収した。貧しい百姓は、この耕地で働くようになった。

問題は、地域の下級官僚たちが、難癖をつけて土地を奪おうとすることで、堪百姓は、土地を上級貴族や官大寺に預けて、守ってもらうという手段に出たりした。これが荘園である。

源氏と平氏を中央が求めた理由

荘園は、上級貴族や官大寺の財産として、不輸租《ふゆそ》の特権（租税免除）が認められていた。

詳しい話はややこしくなるので省くが、十世紀半ば、地方の役人「郡司《ぐんじ》（郡司職《しき》。土地の有力者でもある）」の世襲化が進み、在地領主的な存在になっていた。そして郡司を束ねるために中央から派遣される国司《こくし》（実際に現地に赴くと「受領《ずりよう》」と呼ばれる）はノルマをこなすために、租税を必死に集め、また、私腹を肥やすようになる。だから、国司は郡司に嫌われるようになった。お互い、利を求めて、競い合う間柄となった（ただし、荘園の歴史を語り出すと、切りがないので、このあたり、大きく端折《はしょ》る）。

国衙（国府）と荘園も、互いに軍事力を持ち、対立し、紛争を起こすようになっていく。そうこうしている間に、国司は在庁官人や有力な百姓になっていた武士を、郡司や郷司《ごうし》にとりたて、警察権力を与えた。十一世紀から十二世紀にかけて、彼らが私領を増やし、在地領主（開発領主。源氏や平氏などの武士でもある）が生まれ、成長していく。彼らは国司や荘園領主と利害がぶつかった。国司たちは、在地領主たちの土地を狙って圧力をかけ続けたのだ。私領といっても、当時の在地領主は土地の所有者ではなく、土地を使う権利を獲得しているに過ぎなかったから、国司に狙われたのだ。

なぜ荘園の話をしてきたかというと、次のことをいいたかったからだ。

在地領主たちは国司に私領を奪われることを恐れ、中央貴族に寄進《きしん》して、貴族の荘園の一部に自分の領土を組み込んでしまったのだ。そうすれば、国司は手出しができなくなる。つまり在地領主たちは、院《いん》、摂関家《せっかんけ》（藤原北家）や藤原氏の虎の威を借りて、国司を牽制し、その見返りに、収穫の一部を中央貴族に送り届けていたわけである。

したがって、中央貴族の笑いは止まらなくなった。在地領主（源氏や平氏）たちは、自分たちの手足となって関東で土地を耕し、荘園に土地を寄進し、その中から収穫物を届けてくれるわけである。こんなに美味しい話はないし、中央貴族はバブル景気を堪能したわけである。

ところがこのあたりから、微妙な変化が起こりつつあった。地方で実力を蓄えた源氏と平氏の中から、中央で活躍する連中が現れる。

理由は簡単なことだ。在地領主が実力をつけた結果、国司は在地領主の武力に太刀打ちできなくなったのだ。だから、もめごとが起きると、朝廷に訴えた。朝廷は、各地の在地領主を凌駕《りょうが》するだけの軍事力、警察力を必要として、源氏や平氏の有力武士を、追討使に任命するようになった。ここで、源氏や平氏は、地方の武士を束ねることのお墨付きを、もらえるようになった。また朝廷は、奥州の騒擾《そうじょう》を鎮め坂東武士を束ねる役割を源氏に求め、白河《しらかわ》院や鳥羽《とば》院は、平氏を頼りにした。ここに、源平合戦の条件がようやく揃ってきたのだ。

摂関体制と院政の意味

ここから源平合戦の話をしていくのだが、その前にもうひとつ話しておかなければならないのは、摂関政治と院政についてだ。

藤原良房《よしふさ》が摂政《せっしょう》になった契機は、すでに触れてある。摂関家とは、摂政や関白《かんぱく》を出す藤原第一位の家を指し、藤原道長《みちなが》の嫡流子孫に限られた。

摂政とは、天皇が幼少の頃、外戚の地位に立つ藤原北家の長が政治を代行する（実権を握る）ことで、関白は、天皇が成人後、天皇を補佐し、政局を牛耳ることだった。九世紀半ば以降二百年間続いた政治体制だ。

これに対し、院政とは、譲位した太上天皇《だじょうてんのう》（上皇《じょうこう》、法皇《ほうおう》、院）が行った専制的な政治体制をいっている。

二〇一二年のNHK大河ドラマ「平清盛」では、伊東四朗の演じる白河法皇が、初回から強大な権力を行使している場面が映し出され、「平安時代の天皇や太上天皇（院）は、絶大な権力者だったのだ」というイメージが焼き付けられた。だが、王家が権力を握ったのは、まさに白河法皇の時代からで、それまで天皇は摂関家に、利用されていたに過ぎない。

ならばどのようにして、白河法皇は独裁権力を握ることができたのだろう。まず、摂関家が実権を握り続けてきたのは、彼らが天皇の外戚(母方の親族)だったからにほかならない。だから、外戚でなくなれば、力を失う。現実に彼らは後《ご》三条《さんじょう》天皇の即位によって外戚の地位を失ってしまったのだ。その原因は、意外なところにあった。摂関職と外戚の地位を、「嫡流だけ」に限定してしまったことだった。一族内の無駄な権力闘争を避けようという判断だったが、これが仇となった。「ミウチ」となる公卿が激減し、その結果、「藤原腹の皇子」も減ってしまい、いつの間にか、摂関家から生まれた天皇がいなくなってしまったのだ。その隙を突いて、院政が始まったのである。

「藤原の箍《たが》がはずれた時、天皇は暴走する」といっておいたが、白河上皇の父・後三条天皇が、その中のひとりだ。母は皇族だった。

後三条天皇は上皇となり、実権を掌握し、政務を司《つかさど》ろうとした矢先、命を落としてしまった。父後三条の遺志を継承したのが、子の白河上皇だった。

上皇の権力の源泉は、人事権にある。「譲位」は天皇の位を誰かに譲ることだが、この人事権があるからこそ、太上天皇は、巨大な権力を手に入れられたのだ。これを「治天《ちてん》の君《きみ》」とも呼ぶ。

白河上皇が優秀な政治家だったのは、朝堂に源氏の公卿を増やしたことからもはっきりとする。それまで議政官《ぎじようかん》の数は、藤原氏が圧倒していたのに、源氏が激増したのだ。藤原宗忠《むねただ》は『中右記《ちゆうゆうき》』の中で、ゆゆしき事態と、憂慮している。そしていよいよ、保元《ほうげん》の乱（一一五六）、平治《へいじ》の乱（一一五九）へと、時代は突き進んでいくのである。

はっきりと分かった貴族の無能ぶり

保元の乱は、王家と藤原氏、源氏と平氏それぞれの内部が、たすき掛けになって骨肉の争いを演じた事件だ。そして平治の乱で、源氏と平氏は雌雄を決したのである。

これらの乱のいきさつのすべてを詳しく見ていくつもりはない。ここではっきりさせておきたいのは、武士たちが都の貴族たちに、「言いなりになる犬」「利益を勝手にもたらしてくれる便利な道具」と思われていたこと、ところが、ある時期を境に、武士たちは「貴族の無能」と、「実力があれば、貴族社会を破壊できる」という二点に気付いたことである。

それを、はっきりと自覚させたのが、保元の乱だったのだ。

保元の乱は、勝者が後白河《ごしらかわ》天皇、源義朝《よしとも》、平清盛、関白・藤原忠通《ただみち》らで、かたや敗者は、崇徳《すとく》上皇、源為義《ためよし》、平忠正《ただまさ》、前《さきの》関白・藤原忠実《ただざね》、左大臣・藤原頼長《よりなが》らであった。

戦乱のクライマックスは、崇徳上皇と藤原頼長が兵を集め、白河北殿に移動し、後白河天皇のおわします内裏《だいり》と対峙した場面だ。

夕刻、白河北殿で軍議が開かれた。この時、劣勢に立たされていたのは、崇徳上皇側であった。そこで武士たちは、次々と現実的な策を挙げていく。「劣勢だから、東国に退く」「先手必勝、内裏を突く」といった案が出された。修羅場をくぐり抜けてきた武士たちの、動物的直感であり、まさに的を射た発言であった。ところが、藤原頼長は、武士の提案をすべて退けた。大和《やまと》と吉野《よしの》の援軍がこちらに向かっているから、それを待って攻めればよい、というのだ。

老将・源為義は、子の為朝《ためとも》の、「内裏を夜討ちしましょう」という策を推した。しかし頼長は、上皇と天皇の争いなのだから、軽率な行動は許されないと、却下した（そんな野蛮なことはできぬ、ということだろう。貴族なら正々堂々と闘うべきだ、というニュアンスが込められている）。

為朝はあきれかえった。

「兄の義朝は、合戦の機微を心得ているから、明日を待たず夜討ちを仕掛けてくるだろう。襲われて、慌てふためくにちがいない」

と、捨て台詞《ぜりふ》を投げかけ、退出した。おそらく、頼長は鼻で笑ったにちがいない。

内裏でも、よく似た状況が広がっていた。源義朝は、即刻攻撃に出るよう進言したが、藤原忠通は、のらりくらりとかわし、煮え切らなかった。平和的解決ができると踏んでいたようだ。軍隊が目の前で対峙したあと、どのような事態に発展するのかが分かっていなかった。実戦経験のない貴族のあさはかさである。こうなった以上、軍事的、局地的な戦術とタイミングがもっとも大切になる。「やらねばやられる」ことを、武士たちは体で覚えている。

結局、明け方、後白河天皇の側が、動いた。三方から白河北殿を囲み、崇徳上皇と藤原頼通は敗れ去ったのである。

平治の乱と平氏の世の中

保元の乱は、貴族が武士を大いに利用した時代の最後の戦争であった。天皇と藤原氏の権力闘争に、武士がつきあわされたのだ。

しかし、貴族のひとり勝ちも、ようやくこの段階で、陰りが見え始めた。武士を甘く見すぎていたのだ。

武士はここで、「貴族の無能」を目の前で見せつけられた。欲に呆《ほう》けたぼんくらどもであった。「こんなやつらに、なぜ土地を献上しなければならないのか」と、馬鹿らしくなっただろう。

そして、それまでの幻想から目がさめたのではあるまいか。「実力（武力）さえあれば、政権を奪取できる」と気付いたにちがいない。藤原氏のみならず、王家までが、俗権力を握り、血眼《ちまなこ》になって勢力争いに奔走している姿を見て、「何をやっているのか」と、愕然《がくぜん》としただろう。もはや権威と神聖性を失った王家に、遠慮などする必要もない。

こうして武士の社会の到来を、すでに平氏や源氏は感じ取っていたにちがいない。平治の乱は、起こるべくして起こった争乱だったのである。

平治の乱は、平清盛が清和源氏を破り、伊勢平氏が武家の棟梁の地位を確立し、さらに、武士が政治の表舞台に飛び出した事件でもある。

権力闘争は、「上皇vs.天皇」が軸になって進んでいった。摂関家は没落し、摂関家内部の人事に関して、後白河天皇が干渉するほどに零落《れいらく》していたのだ。

保元の乱で崇徳上皇を配流《はいる》にしてしまった後白河天皇は、「天皇の親政」を目論み、切れ者の信西《しんぜい》（藤原通憲《みちのり》）と平清盛が支えようとした。

保元元年（一一五六）閏《うるう》九月、後白河天皇は荘園整理令を発布し、「国土は天皇のもので、天皇の命令が唯一絶対なのだ」と、述べている。ただし二年後の保元三年（一一五八）、長子の守仁《もりひと》親王（二条天皇）に譲位し、自身は太上天皇となる。もちろん、後白河上皇は「院政」を敷き、権力を握り続けるつもりだった。ところが、二条天皇の取り巻きたち（美福門院《びふくもんいん》グループ）が、天皇親政を企んだ。ここに、平治の乱の火種が生まれたのだ。

二条天皇の母は藤原系で、ここで藤原氏が失地の回復を目論んだということなのかもしれない。

ただし平治の乱の最初のきっかけは、藤原内部の権力闘争であった。信西に出世を邪魔された能なしの藤原信頼《のぶより》なる人物が、信西を抹殺しようと考え、やはり信西を面白く思っていなかった源義朝と手を組んだのだ。

事件の発端は、「男の妬み」というじつにくだらない事情であった。

平治元年（一一五九）十二月九日夜半、藤原信頼は、平清盛が熊野詣《くまのもう》でに出かけた隙に、源義朝に命じ、信西捕縛に乗り出した。不穏な動きを察知した信西は、うまく逃げたが、後白河上皇が捕まり、内裏で軟禁されてしまったのだ。また信西は、逃亡途中に自害して果ててしまった。

都に戻ってきた平清盛は、人質を取られているため身動きがとれなかったが、裏から手を回し、御所の脇に放火をし、どさくさに紛れて上皇を奪還し、二条天皇も連れ去るという奇襲作戦に出た。見事成功し、「朝敵になりたくなければ」と号令

保元の乱　主要人物去就一覧

皇　族		後白河天皇
摂関家		藤原忠通
公　家		信西（藤原通憲） 藤原公教 その他 　ほとんどの貴族
武士	平氏	平清盛 平頼盛 平信兼（伊勢平氏庶流） 平惟繁（　〃　）
武士	源氏	源義朝 源重成（満政流） 源（足利）義康 源頼政

×

皇　族		崇徳上皇
摂関家		藤原忠実 藤原頼長
公　家		藤原教長 源成雅 藤原成隆 源俊通
武士	平氏	平忠正（忠盛の弟） 平長盛（忠正嫡男） 平家弘（伊勢平氏庶流）
武士	源氏	源為義 源頼賢 源為朝 源頼憲（多田源氏）

平治の乱　主要人物去就一覧

皇　族	後白河院 二条天皇
院近臣	信西（藤原通憲） 藤原公教
摂関家	藤原忠通 藤原基実
平　氏	平清盛とその一門 平頼盛

×

皇　族	――――――
院近臣	藤原信頼 藤原成親 藤原光隆
二　条 親政派	藤原経宗 藤原惟方
源　氏	源義朝とその一門 源頼政とその一門 源光保

をかけると、公卿や殿上人《てんじょうびと》の多くが、雪崩をうったかのように、平清盛に加勢した。これで、勝負あった。平治の乱は、平清盛の大勝利に終わったのである。

けれども、すぐに平清盛が権力の頂点に昇りつめたわけではない。後白河上皇と二条天皇の主導権争いは続いた。

平治の乱の結果、「奪いあいの対象」になったのが、「天皇」であった。この点後白河上皇は、勝者でありながら、微妙な立場に置かれてしまうことになる。寵臣で名宰相の信西を失ったことも、大きかった。二条天皇は、着々と親政の準備を始めたのである。

ただし、ふたたび乱が起きることはなかった。平清盛が、双方に通じ、取りなしていたこと、平清盛に対抗できる武装勢力は、もはや都に存在していなかったから、武力衝突には至らなかった。

平清盛が実権を握るのは、仁安《にんあん》三年（一一六八）に高倉《たかくら》天皇が即位したあとだ。高倉天皇の母は平氏の出だった。こうして平氏は、外戚の地位を手に入れたのである。

こののち、伊豆に流された源頼朝《よりとも》が平家打倒に立ち上がり、武士の時代が到来するが、貴族社会を崩壊させたという点で、平清盛の業績は、再評価されるべきだと思う。

こうして、男どもの陰謀や血なまぐさい反乱の歴史を眺めてきて改めて思うのは、「外戚の地位」の重要性であり、女性の歴史に占める大きさである。

その点において、後宮に広い人脈を構築し、女帝の信任を得ていた県犬養三千代《あがたいぬかいのみちよ》に注目した藤原不比等《ふじわらのふひと》の、「日本の権力構造の特徴」にいち早く気付いていたその眼力の確かさに、驚かされるのである。

もっとも、だからといって、藤原不比等が好きかと聞かれれば、首を大きく横に振るのだが……。

おわりに

暴走する天皇や強大な権力を握る上皇（院）が出現したのはなぜか……。そのきっかけをつくったのは長屋王の敗北だといっておきながら、その理由をはっきり記すのを忘れていた。

答えらしきものは書いておいたのだ。長屋王は例の皇太夫人事件で「天皇の命令と律令（法律）の規定の、どちらを優先すべきなのか」を藤原氏に問いかけた。藤原氏はしぶしぶ「それは律令」と答えたが、「思うように行かない時は天皇を利用する」という禁じ手を担保したまま、長屋王の一家を葬り去った。

「天皇の命令は絶対だが、天皇の命令は太政官の意志そのものでなければならない」

これが、律令制下の天皇の真の姿であろう。だからこそ、内印外印を太政官が管理していたのだ。くどいようだが、中国で生まれた律令制度は強大な権力を握った皇帝による中央集権国家の法体系だったが、日本に移入されて、合議制のための制度に変化していたはずなのだ。だから、皇親政治から律令制への移行期、律令が完成した時点で、天皇からすべての権力を取りあげるべきだった。しかし藤原氏は、「いざという時」のために、「あいまいな制度」を残したのだ。これが災いの元になった。暴れまわる王が、こののち幾たびも登場している。

聖武天皇は「天武の子」に豹変したあと、「藤原氏と闘うための伝家の宝刀」を抜いた。すなわち、藤原氏の手口を逆手にとり、強権を発動して、藤原仲麻呂と対峙したのだった。称徳女帝が暴走したのも、同じ理由からだろう。

このような「本当なら権力を持たない王なのに、なぜか暴走する王が現れる」という天皇の謎は、奈良時代の政争を理解すれば、もはや不思議でも何でもない。

なお今回の執筆にあたり、ＰＨＰ研究所の前原真由美氏、三猿舎の安田清人氏、歴史作家の梅澤恵美子氏に御尽力いただきました。改めてお礼申し上げます。

合掌

関　裕二

本書は、書き下ろし作品です。

著者紹介
関 裕二（せき　ゆうじ）
1959年、千葉県柏市生まれ。歴史作家。仏教美術に魅せられて足繁く奈良に通い、日本古代史を研究。古代をテーマにした書籍を意欲的に執筆している。
著書に『百済観音と物部氏の秘密』（角川学芸出版）、『応神天皇の正体』（河出書房新社）、『古事記の禁忌 天皇の正体』『藤原氏の正体』（以上、新潮文庫）、『伊勢神宮の暗号』（講談社＋α文庫）、『おとぎ話に隠された古代史の謎』『日本を不幸にした藤原一族の正体』『ヤマト王権と十大豪族の正体』『ヤマト王権と古代史十大事件』（以上、PHP文庫）など多数ある。

ＰＨＰ文庫　天皇家と古代史十大事件

2015年1月21日　第1版第1刷

著　者　関　裕　二
発行者　小　林　成　彦
発行所　株式会社ＰＨＰ研究所
東京本部　〒102-8331　千代田区一番町21
文庫出版部　☎03-3239-6259（編集）
普及一部　☎03-3239-6233（販売）
京都本部　〒601-8411　京都市南区西九条北ノ内町11
PHP INTERFACE　http://www.php.co.jp/
組　版　有限会社エヴリ・シンク
印刷所
製本所　共同印刷株式会社

ISBN978-4-569-76273-9

(解説)

江坂十糸子 評論家

「シリーズ図」。日本女性のたゆみない前進を継続する
最新刊の一冊。科学技術から国際政治まで、日本女性の活
躍ぶりを網羅した。

第二部 図

まなざしを遠い地平のかなたへ

☗ PHP文庫既刊既刊 ☗

（扉裏）

松下幸之助 著

9つの菩薩道
日に新たに一歩ずつ
素直な心で懇切に
真実を求めて日々怠らず
生きる喜びを仲間とともに
日本と世界の繁栄のために……

著者二三

海底より光を求めて
――わが青春をかたる
PHP文庫好評既刊